Testigos

Padre Amorth
Roberto Ítalo Zanini

Más fuertes que el mal

El demonio: reconocerlo, vencerlo y evitarlo.

SAN PABLO

11.ª edición

Título original: *Più forti del male. Il demonio, riconoscerlo, vincerlo, evitarlo.*
Traducción del italiano: José Guillermo Ramírez

Distribución: SAN PABLO. División Comercial
Resina, 1. 28021 Madrid
Tel. 917 987 375 - Fax 915 052 050
ventas@sanpablo.es
ISBN: 978-84-285-3870-1
Depósito legal: M. 41.033-2011
Impreso en Artes Gráficas Gar.Vi. 28970 Humanes (Madrid)
Printed in Spain. Impreso en España

Prólogo

Aquella mañana yo había asistido a tres exorcismos. Ciertamente, no habían sido escenas muy agradables. Yo no dudaba de la existencia del diablo, pero si hubiera tenido alguna duda, se me habría desvanecido como la nieve ante el sol. Durante aquella misa, que como siempre había precedido a los ritos de liberación, en la iglesia cercana a la estación del metro, a dos pasos de San Juan de Letrán[1], me había propuesto ingenuamente descubrir entre las personas presentes quiénes pudieran ser las que estaban endemoniadas. El padre Amorth me había dicho que los hay entre los que asisten tranquilamente a la misa y reciben bendiciones sin que suceda en ellos nada especial. Otros, con un largo recorrido de exorcismos a sus espaldas, tienen poco rechazo hacia lo sagrado. Debo confesar que me parecía haber identificado a alguna persona extraña. Pero reconozco que no había percibido nada singular en las únicas dos personas presentes que luego se someterían al exorcismo. Otras no habían participado en la misa y llegarían más tarde, de acuerdo con la hora de su cita.

De estas dos personas, una en particular me había causado cierta impresión. Una chica normal de unos 25 años. Simpática en sus modales, muy reservada. Mientras en la sala junto a la iglesia el padre Amorth se preparaba para los

[1] Esta obra toma como referencia la realidad italiana de los últimos años con respecto al tema del exorcismo, lo cual puede aplicarse con algunas salvedades a circunstancias de España (N. del E.).

exorcismos, bendiciendo todos los objetos y a las personas presentes, incluida el agua embotellada que a lo largo de la cálida mañana de verano necesitaría para calmar su sed, ella esperaba su turno en la iglesia. Ciertamente había orado, yo la había visto absorta, sentada en uno de los últimos bancos. Miraba fijamente al sagrario. Por lo menos, eso fue lo que me pareció.

Para el primer exorcismo, el padre Amorth me había invitado a sentarme a su lado. Tomé una silla. Me aproximé a la camilla de la sala, donde acababa de recostarse la mujer que iba a ser sometida al rito. Luego, dándome cuenta de que ya había muchas personas con ella, busqué una excusa para alejarme un poco. El ambiente era pesado y trasladé mi silla más o menos hasta la mitad de la sala, junto a la mesa donde estaban los objetos para la bendición. Era el gesto prudente de quien prefiere mantenerse a distancia de lo que iba a suceder, pero también empujado por el oficio de cronista, que busca el mejor ángulo visual para tener bajo control la escena. Junto a mí estaban dos mujeres con su rosario en la mano. Dos personas más estaban sentadas en el otro lado de la sala. Un hombre y una mujer. También ellos, después de haber buscado en el bolsillo, pasaban las cuentas del rosario. Desde aquella posición yo podía verlos a todos. No podía creer que allí hubiera tanta gente.

Junto a la camilla, además de Amorth, estaban otros tres sacerdotes. Luego, un hombre y tres mujeres. Dos personas se encargaban de atender al público. Durante los exorcismos, en efecto, la iglesia permanecía cerrada y era necesario abrir la cancela a quien estaba citado.

El padre Amorth me había advertido sobre cuán atentos debían estar los exorcistas al escoger a sus colaboradores y, en cierto sentido, debían ser celosos con las personas que componen su grupo de oración. Porque *todo exorcista necesita personas que oren con él, a su lado. Por medio de la oración es como se fuerza al demonio a manifestarse y luego a huir.* Pero por sus palabras yo no había entendido que se tratara de una auténtica forma de voluntariado: una misión espiritual realizada por un grupo de personas que, dos veces por semana a las 8 de la mañana, se encuentran en aquella iglesia para orar hasta descubrir el infierno.

Sentado junto a ellos, también yo había cogido el rosario que llevo siempre en el dedo. Sentía deseos de rezar y de ser útil. Nunca hubiera pensado que lo podía hacer con tanta intensidad. La oración y la devoción mariana siempre me han acompañado en mi vida. Aquel día entendí, claramente, por qué se ora y por qué sin la oración no se puede vivir como hombres libres.

El padre Amorth había comenzado a recitar la extensa fórmula del exorcismo en el antiguo ritual latino. Siempre usa esa y no la más reciente del nuevo rito, porque la considera *demasiado débil* y, por tanto, *totalmente inútil.* Para explicarme el concepto había empleado la expresión vivaz de un conocido exorcista que ya había muerto hacía unos años, el benedictino Pellegrino Ernetti: «Para arrojar al diablo se necesita la intercesión del Espíritu Santo y después sólo *dar palos.* Todo lo demás no vale nada».

Los cuatro sacerdotes oraban en voz alta. Una chica, sentada al lado de la camilla, había comenzado a entonar suavemente un canto gregoriano y la melodía hacía de fondo. La mujer acostada ya comenzaba a agitarse. La boca se le torcía, babeaba. Detrás de ella, una mujer robusta le sostenía la cabeza y con un pañuelo la limpiaba. Luego las contorsiones se habían extendido al cuerpo. Las personas que estaban alrededor de la camilla le sujetaban las articulaciones. Sólo el estómago se agitaba con movimientos incontrolados. Tenía sacudidas que no eran naturales, las cuales no se pueden describir ni entender si no se imagina uno la presencia de algo dentro que empuja en todas las direcciones, como buscando una salida. Emitía gruñidos. Palabras, primero incomprensibles, luego cada vez más claras. No era una voz humana, era absolutamente imposible de comparar con la que escuché después del exorcismo. Terminada la oración, el padre Amorth comenzó a interrogar a la mujer. No a ella, naturalmente, sino a eso que se le agitaba dentro y que entre gritos descompuestos y varios ruidos, de vez en cuando decía como suplicando:

—«¡No..., no! ¡No quiero salir! ¡No quiero salir...!».

Le preguntó quién era. Porque he descubierto que muchos demonios, aquellos que pueden considerarse jefes de grupo, tienen un nombre y unas características particulares. Preguntó cuántos eran. A menudo sucede que a una persona no la posee un solo demonio.

Aunque resistiéndose, aquella voz daba respuestas agudas, terribles, cuyo sonido era un fastidio para el oído, a las cuales sinceramente puse poca atención, ya que estaba dedicado a pasar las cuentas de mi rosario. Una cosa sí recuerdo claramente. Cuando el padre Amorth preguntó quién era el que había puesto el maleficio, es decir, la persona que había invocado al diablo para que entrara en la mujer, se elevó un grito aterrador y ahogado al mismo tiempo:

—«Sabrina... Fue Sabrina... ¡Esa maldita!».

«¡Vaya!», pensé mientras me recorría por dentro un escalofrío helado, el diablo es el acusador, el engañador. Primero se aprovecha de sus esclavos y luego los denuncia y los maldice abiertamente.

Después de la bendición la mujer se había tranquilizado. Con cierta dificultad hizo la señal de la cruz y recitó algunas oraciones. Luego se levantó y permaneció sentada en la camilla. Parecía cansada, pero no tanto como podía pensarse. Bebió agua, dando las gracias repetidamente se acercó a la mesa para concertar una nueva cita. En aquel momento vi que el padre Amorth repitió los mismos gestos de cuando concertábamos el día y la hora para nuestras charlas veraniegas. Lo mismo que vería hacer después con los demás pacientes, como él los llama, y que se repite cada vez que alguien le pide una cita, incluso las pocas veces que las concede por teléfono. Y el término concertar no es casual, con tantos cambios de medias horas y cuartos de hora. El padre Amorth tomaba la página del calendario, un tanto acartonada, que usa habitualmente como agenda, con los espacios blancos correspondientes a cada día del mes llenos de escritos, horarios, referencias, pequeños signos, reflexiones, palabras superpuestas:

—«*Podría ser... el miércoles. No, pero por la mañana tengo la visita de una persona que viene... es un caso aparentemente tranquilo, pero un poco complicado. Quizá tenemos poco tiempo después. Y a las 11:00, hace demasiado calor... hagámoslo mañana. A las 9:00. Está bien, a las 9:00. O mejor a las 8:30, que hace más fresco*».

—«Yo realmente mañana tengo un compromiso».

—«*Entonces la semana próxima*».

—«Pero, ¿no es demasiado tarde?».

—«*Sí. Entonces el miércoles. Si no hay mucho tiempo, no importa*».

La mujer acordó la cita para la siguiente semana y se fue tranquila. Antes de que saliera de la iglesia, sólo para documentar el caso, porque me parecía verdaderamente feo preguntar algo después de lo que había visto y oído, le pregunté cómo se había dado cuenta de la presencia del maligno dentro de ella, cómo había podido suceder, cuáles eran los síntomas.

—«Realmente no te das cuenta de su presencia. No se sabe qué hay dentro. Sientes que has cambiado y no sabes por qué. Que estás mal y no comprendes por qué. Sufro dolores de estómago muy fuertes. Me hice chequeos médicos y terapias sin lograr nada. Luego conoces a alguien que te dice: "Eso no es casualidad". Vas entonces a ver al exorcista y lo entiendes todo».

—«Y después de los exorcismos, ¿cómo se siente?».

—«Bien. Me siento como nueva. Logro hacer lo que hacía antes. Pero después, después de una semana, diez días, vuelve todo como antes y no ves la hora de que llegue el día de volver aquí».

Hubiera querido preguntarle por Sabrina, pero sólo le pregunté si había habido algún motivo para desencadenar toda esa maldad contra ella. En un primer momento me respondió que no. Después añadió algo. Pero los ojos se le llenaron de lágrimas. Estaba en evidente dificultad y una simple alusión de comprensión de su dolor había sido suficiente para hacerle entender que no había necesidad de que siguiera adelante. Fue un instante, se despidió y se puso en camino.

Mientras tanto, en la sala de los exorcismos, había entrado una chica de 25 años. Simpática, un poco tímida, estaba sentada en la camilla y se estaba acostando. Ya era el tercer o cuarto exorcismo y el padre Amorth me había dicho que todavía no se lograba captar nada. *A veces también puede suceder que algunos demonios traten de esconderse. Todo da a entender que en una cierta persona está actuando el demonio, pero en los exorcismos no sucede nada. Me acuerdo de un caso en especial. Se trataba de una mujer. La venía exorcizando desde hacía meses y no se evidenciaba ningún signo de la presencia del diablo. Consulté con el padre Cándido, mi maestro, y él me aconsejó que siguiera adelante de todos modos. Yo continué. Después de un año y medio de exorcismos, el diablo ya no logró seguir escondiéndose y se destapó. Hasta el último momento guardó la esperanza de no ser descubierto. Quería cansar al exorcista.*

La chica estaba acostada y los cuatro sacerdotes habían empezado la plegaria ritual. En un cierto momento su vientre comenzó a tener sobresaltos inverosímiles, incluso comparándolos con los que yo había visto antes. A pesar de que la chica era muy flaca, era como si dentro de ella botara un balón de baloncesto. De su boca salían palabras incomprensibles, lamentos, frases inconexas, risas que podían definirse como diabólicas. El padre Amorth hacía las preguntas previstas por el ritual, obteniendo por respuesta sólo gruñidos y lamentos, mientras en el estómago de la chica no cesaba aquel increíble movimiento rítmico.

—*«¡De esta mujer no se saca todavía nada!»*, había exclamado, cruzando la mirada con la de sus colaboradores.

Por tanto, concluyó el exorcismo con cierta desilusión.

Yo había continuado rezando mi rosario, en espera de que la chica al sentarse recuperara una mínima sonrisa. Después me levanté y salí. Quería hacerle también a ella ciertas preguntas, pero después de haber intercambiado algunas impresiones con dos mujeres que había conocido frecuentando al padre Amorth, la vi detenerse en la iglesia vacía, donde estaba celebrando el sacerdote titular y acercarse al altar para recibir la comunión. Después había comenzado otro exorcismo y yo fui a ver de qué se trataba. Pero esta vez me quedé en la puerta. Sentía un gran peso por las dos experiencias anteriores y me parecía que no iba a poder soportar más.

El exorcizado era un hombre. También este era joven. Iba acompañado de su novia. Me habían informado de que se trataba de un actor de televisión, no muy famoso, que trabajaba en ficción y telenovelas italianas. Desde que comenzó a tener estos problemas no se sentía capaz de trabajar. Un caso clásico de maleficio. Llevaba muchos meses visitando al padre Amorth y decía que ya estaba mejor. Con satisfacción contaba que en los próximos días iba a tener una entrevista para hacer un papel en una producción. Con la chica había puesto sobre la mesa una gran bolsa de papel, de la cual iba sacando objetos para hacerlos inspeccionar por el exorcista, que constantemente lo invitaba a quemarlos. Entre ellos, había un cojín con evidentes manchas de sangre solidificada, que ellos decían desconocer su origen, y un collar con un colgante de madera de una forma extraña. El actor decía que precisamente el día antes se lo había dado en la calle un desconocido.

Cuando comenzó el exorcismo, se agitaba tanto que las personas que estaban alrededor de la camilla, incluidos los sacerdotes, tuvieron que usar toda su fuerza para mantenerlo quieto. Blasfemaba en voz alta o solamente con un silbido. Después, venían risas inconexas, sardónicas, gruñidos como de animal, amenazas y maldiciones de toda clase, mientras su expresión mostraba gestos aterradores.

Yo me quedé en la puerta y salí antes de que concluyera, seguí a una de las colaboradoras del padre Amorth, que necesitaba fumar, hasta las escaleras exteriores de la iglesia, para tomar un poco el aire. En la calle más central de Roma la vida transcurría normalmente. De vez en cuando algún anciano se detenía ante la reja pidiendo que se le dejara entrar. La señora les explicaba con delicadeza que no era posible. Y yo comentaba con ella el hecho de que si la gente supiera siquiera... ¿Pero, supiera qué? ¿Que el diablo existe? ¿Que hay quienes llevan el infierno dentro a pesar suyo y serían felices si pudieran librarse de él? ¿Y quien, al contrario, lo guarda en el corazón con amor, o mejor, con odio? ¿Y quien le hace propaganda tan alegremente? ¿Y quien lo acoge y lo difunde con superficialidad sin darse cuenta de la gravedad de lo que hace? Precisamente estas personas son las que deberían saberlo. Pero es necesario que lo sepan, que alguien les diga cómo es, sin falsedad, sin fingimientos, sin el temor de que no se le crea. La verdad por la verdad, con la convicción de que el demonio, el mal, se aprovecha de las falsedades que se difunden acerca de él.

Bien, *el diablo es una especie de confirmación de la existencia de Dios.* Cuántas veces se lo hemos escuchado al padre Amorth. Y después de haber asistido y orado en esos exorcismos estaba todavía más convencido de esto, porque nunca como en esos momentos se siente que se es parte del proyecto divino del amor. Una paradoja de la fe... El amor a Dios, la oración a Dios... no es ponerlos frente a frente con la maldad diabólica, sino que es como si de ella sacara una nueva certificación. Así como el experto en artes marciales disfruta sacando ventaja de la fuerza del adversario para arrojarlo por tierra, así la oración del hombre de fe saca del mal renovado estímulo para infligirle la derrota. Cierto, para confiar la propia vida al Bien supremo no es necesario experimentar los abismos del mal... Probablemente no... *Pero la vida es una lucha continua con el mal y para combatir hay que conocer. Para vencer a un enemigo cuya arma principal es el engaño, el conocimiento pleno es la mitad de la salvación... Y el amor que se obtiene con la oración... el triunfo.*

Por lo que yo sentía en aquel momento, sabía que había visto y conocido. Había visto y conocido tanto, que estaba profundamente impresionado con ello. Me admiraba de cómo mis dos amigas, los sacerdotes y los voluntarios que oraban en los exorcismos lograban seguir tranquilos después de haber asistido a esas mismas cosas. Es más, seguían diciéndome que en el fondo habían sido «sólo algunos casos de los más sencillos. Nada hay que temer, porque la fe, la oración, el amor de Dios vencen todo».

También yo estaba convencido del hecho de que el bien es más fuerte que el mal, gracias al apoyo de mi pobre fe, que seguía sosteniéndome, aunque sinceramente aquella mañana la había necesitado bastante. Esperaría al final del último exorcismo, me despediría del padre Amorth y volvería a mis ocupaciones diarias, sabiendo que ya nunca nada seguiría siendo como antes.

Una pequeña aspiración a la tranquilidad, que duró el breve espacio de la intensa charla en la entrada de la iglesia. En aquel momento salió una persona a buscarme:

—«El padre Amorth me ha dicho que lo llame porque este es un caso particular y quiere que usted asista».

Apenas había encontrado un apoyo para sentarme, pero no lo había hecho a tiempo. Pensaba: «Me siento, miro a la gente que pasa por la calle y oro por ellos». También había cogido mi rosario. Lo único útil que había hecho. Era mi arma y, fortalecido con ella, volví a entrar.

Recostada en la camilla estaba una señora muy robusta. Sobre el pequeño diván al lado de la silla donde siempre me había sentado hasta entonces, estaba una señora más anciana, la madre, y sobre sus rodillas un niño, de siete u ocho años. Voy a sentarme, pero me viene una duda, muy ingenua, que sólo después descubriría. Vuelvo atrás, adonde está una de mis amigas, y pregunto:

—«¿Es conveniente que el niño permanezca aquí dentro? ¿No es mejor que salga?».

—«Déjalo estar», me responde acompañando las palabras con un gesto de seguridad que hace con la mano.

Voy a sentarme en mi puesto sin entender. La abuela con el nietecito está sentada a mi lado. Comienza el exorcismo y esta vez no tengo necesidad de que la oración se prolongue mucho para ver los primeros efectos. La mujer se agita y se agita también el niño. Mientras más se agita la mujer, más se agita el niño. La mujer grita, hace ruidos y el niño respira con dificultad, emite ruidos extraños. Lo miro por un instante y sólo entonces comprendo que tiene un daño psíquico. La mujer grita cada vez más, su boca echa espumarajos y las personas que están alrededor de la camilla tienen gran dificultad para mantenerla quieta. El diablo, entre risotadas inconexas, ya ha manifestado su intención de no querer salir de ella. Pero de vez en cuando se oye claramente:

—«¡Auxilio! ¡Auxilio!...».

Peticiones a veces a gritos, a veces entre dientes, como silbando. Es el diablo que pide ayuda a sus semejantes, me explicaron luego. Sucede cuando son varios los demonios que poseen a una persona y alguno de ellos se da cuenta de que está a punto de ser expulsado. Una señal que avisa al padre Amorth al comenzar su interrogatorio cuando le pregunta:

—*«¿Cuántos sois vosotros?»*.

—«Muchos».

—*«¿Cuántos?»*.

—«Veinticinco».

Una respuesta que satisface al exorcista, porque la vez anterior el número era mayor. El interrogatorio prosigue. La agitación de la mujer llega a su culminación y la voz se vuelve realmente aterradora cuando las preguntas se refieren al hijo:

—*«¿Qué tiene tu hijo?»*.

—«¡Vosotros no habéis entendido... no habéis entendido! Él está ligado a mí... A mí...».

—*«¿Qué mal tiene?»*.

En un primer momento no hay ninguna respuesta, sino sólo un estrépito más fuerte que los anteriores. El niño en brazos de la abuela ya está incontenible. El padre Amorth insiste. Esta vez más que una pegunta es un mandato:

—*«¿Qué clase de mal tiene él?»*.

—«¡Diabólico... un mal diabólico!».

Nunca había experimentado yo tal intensidad de maldad encerrada en tan pocas palabras: imposibles de olvidar. Quizá tenía razón el padre Amorth. Yo debía asistir a aquel exorcismo para tener bien clara una verdad evangélica de la cual él me había hablado: la liberación de los demonios, la curación de los enfermos, la remisión y el perdón de los pecados van juntas. Como caras de una misma moneda.

Cuando sale y ya está en la puerta de la iglesia, intento hablar con la mujer. Tiene ganas de irse. De vivir aquellos pocos días de tranquilidad que el exorcismo le ha dado. También ella, en efecto, después de algún tiempo vuelve a tener los mismos problemas. Le pregunto cómo puede convivir con semejante presencia.

—«Mal –me responde–, muy mal. A veces se vuelve insoportable. Pero lo que más me hace sentir mal es que todo el mundo me ha tenido y me tienen por loca».

¿Enfermedad de la mente o mal del alma?

Una vez mi amigo, el padre Fausto Negrini, durante un exorcismo le dijo al diablo:

—«Posees poca gente. Nadie sabe siquiera que existes».

Él respondió:

—«¿No te basta con ir a los manicomios para ver a cuánta gente yo poseo?».

Satanás está derrotado, expulsado, echado fuera, pero logra arrastrar consigo a muchas personas. En este sentido, el problema de los presuntos enfermos psiquiátricos es muy serio. Los psiquiatras no se dan cuenta. Mientras la medicina del cuerpo ha dado pasos agigantados, con enormes progresos en la comprensión y curación de las enfermedades, en lo que respecta al conocimiento de la psique, la causa y la curación de las enfermedades psíquicas, las investigaciones todavía están muy atrasadas. Puede decirse que en la mayor parte de los casos los psiquiatras dan golpes de ciego. Entre ellos hay quien me asegura que más o menos el 70% del trabajo de un psiquiatra se origina en la necesidad de remediar los tratamientos errados de otro psiquiatra. He colaborado a menudo con ellos, aunque es difícil encontrar alguno creyente, porque casi siempre tienen en Freud a su dios. Muchas veces sus conocimientos resultan fundamentales. Sin embargo, hay muchos casos en que la enfermedad parece psiquiátrica, pero realmente no lo es; en otros, la enfermedad psiquiátrica está fuertemente agravada por la enfermedad demoníaca.

Es interesante la observación del teólogo Walter Farrell en *Guía de la Suma Teológica*, cuando asocia la inspiración diabólica de la obra de Nietzsche a «aquellas turbaciones del intelecto que en los años siguientes harían caer progresivamente al filósofo en el abismo insondable de la locura». Resulta espontáneo pensar en un vínculo, aunque no necesario, de causa y efecto, más que en un simple nexo de casualidad.

Sobre estos temas he hablado a menudo con un amigo mío psiquiatra, que también ha venido a muchos exorcismos y ha notado cuáles pueden ser los efectos demoníacos también sobre la psique humana. Al principio no quería creer en el diablo, pero luego debió admitirlo. Él fue quien me permitió tener un encuentro con sesenta psiquiatras de alto nivel, con quienes tuve una interesantísima discusión, de la cual nació un libro. Me hicieron las preguntas más difíciles que jamás me hayan hecho, pero pude responderlas todas. Expuse mis razones, llevé mis ejemplos, la experiencia de décadas de trabajo en este campo y ellos no pudieron hacerme objeciones convincentes. En cierto sentido hemos definido los dos ámbitos de interés con cierta precisión.

Por lo demás, en el Evangelio se ponen a menudo las dos cosas juntas. Jesús curaba a los enfermos y expulsaba a los demonios. El padre Cándido en esto era extraordinario. Tenía carismas excepcionales. Muchas veces dejó pasmados a los médicos, a hospitales enteros. Nunca se equivocó en sus diagnósticos y mandaba a los psiquiatras de confianza a algunos pacientes. En los demás casos hacía exorcismos u oraciones de sanación.

Para un exorcista es fundamental, además de ser extremadamente difícil, saber distinguir un mal maléfico de un mal psíquico. Los síntomas en que se basan los psiquiatras y construyen su diagnóstico son completamente diferentes de los que interesan a los exorcistas. Cada uno debe permanecer en su campo, y entonces los unos son útiles a los otros.

Entendámonos: un exorcista está muy atento a la sensibilidad de la persona, al agua bendita. Es significativo un caso que le sucedió al padre Cándido. Estaba haciendo un exorcismo y encontrándose sin agua bendita, mandó a su ayudante a que trajera un poco. En cuanto el hombre vuelve con el agua y el aspersorio, el demonio al que el padre Cándido estaba interrogando dice a través de la persona exorcizada: «Con esa agua sólo puedes lavarte la cara». En efecto se trataba sólo de agua corriente, porque había sido cogida del grifo de la sacristía. El demonio de inmediato había captado la diferencia.

Muchas veces basta rociar agua bendita y el demonio que está dentro de la persona rociada comienza a gritar: «Basta, basta, me quema». Precisamente por esta resistencia del diablo hay casos en que resulta fundamental darse cuenta de la sensibilidad para distinguir el agua bendita de la normal. A veces pido a los familiares que hagan una prueba para ver si la persona que ellos señalan tiene verdaderamente un problema demoníaco. Hace poco tiempo me sucedió un caso de estos con una chica de veinte años. Por lo que la madre me había contado, tenía yo fuertes sospechas. Entonces le aconsejé que preparara secretamente con el agua bendita una comida que a su hija le gustaba mucho y la llevara a la mesa para toda la familia. La mujer decidió hacer una sopa. Nadie conocía el experimento, todos la comieron tranquilamente menos la chica, que la puso aparte encontrando una excusa: «No tengo ganas de tomarme la sopa». Al día siguiente, la mujer repitió la prueba poniendo el agua bendita en otro alimento y el resultado fue el mismo.

También la aversión a lo sagrado es un signo importante. Recuerdo a un joven que tiraba y destruía las imágenes sagradas que encontraba. Si llegaba a casa el sacerdote para la bendición de Pascua o por otro motivo, él sin dar la cara se encerraba en su habitación. Le aconsejó al padre rezar mentalmente una oración en su presencia, escogiendo un momento normal de la vida familiar. En la mesa el padre comienza a decir mentalmente el Padrenuestro y el hijo, de repente y con violencia, se levanta ordenándole que no continúe.

Son tantas las personas que tienen realmente necesidad de ayuda, pero no para todas son necesarios los exorcismos, antes de dar una cita hago una gran selección y pido una serie de informaciones. Como primera cosa me sirve un diagnóstico médico respecto a los trastornos que los afectan. Luego, pregunto si normalmente la persona lleva una vida de oración, desde cuándo está afectada por esta alteración y si la primera manifestación tuvo lugar con relación a un acontecimiento especial. Pregunto cómo se manifiesta la alteración, si es furiosa, si hay gritos, estrépitos, espasmos, movimientos incontrolados. Pregunto qué reacciones tiene a las bendiciones. En muchos casos envío cuestionarios con preguntas. Si al leer las respuestas no encuentro lo que llamo «síntomas sospechosos», evito recibir a la persona para dedicarme a otros casos, porque, repito, son muchas las peticiones. Casi a diario encuentro el contestador telefónico lleno.

Por otro lado, el exorcismo es lo último que se debe hacer cuando todo lo demás no ha surtido efecto. Para muchas personas a menudo es suficiente sentirse espiritualmente acogidas y guiadas, basta escucharles sus necesidades, orar con ellas, enseñar a orar también por quien es la causa de su problema, guiarlos a prepararse para una buena confesión. Luego, también hay muchas personas con fijaciones, paranoias, con la manía de estar endemoniados, perseguidos por el diablo y así por el estilo.

Un método infalible son también las liturgias comunitarias de sanación y de liberación. Si no hay reacciones y síntomas específicos en estos casos tampoco los habría con el exorcismo. Naturalmente, también se necesita discernimiento en cuanto a lo que sucede en las misas de sanación y liberación. Puede suceder que alguien se ponga a gritar, se desespere, se eche por tierra o se ponga violento. Pero muchas veces se trata de problemas de histeria o de sugestión. Otras veces ya sabemos cuáles son las personas a quienes debemos no perder de vista, porque ya han sido señaladas. Por ejemplo, algo así me sucedió una vez con Milingo, cuando hacía misas de sanación y liberación los primeros lunes de cada mes. Había una enorme cantidad de personas. Muchos eran los fenómenos de histeria y sugestión. Antes de la celebración, Milingo me advirtió de la presencia de un endemoniado que iba a presentar ciertos síntomas, como de hecho sucedió luego.

¿Milingo? Sí, le conozco, he oído hablar de él a las personas que lo frecuentan, participé en su celebración. Al final de todo esto he tenido la sensación de que se presentan bellas ocasiones que luego se van perdiendo. ¿Se trata de un exorcista que se dejó encadenar por el demonio?

Su historia es muy triste. Somos amigos. De vez en cuando me llama. Viene a buscarme. Hablamos. Oro por él todos los días. Pido que el Espíritu Santo le dé la gracia de la humildad, la cual es fundamental; sin esta no puede haber arrepentimiento, no se pueden reconocer los errores cometidos ni tener el valor de revisar el propio comportamiento. No hay duda de que con él se cometieron injusticias, pero él se sobrepasó en la protesta y en la oposición a la Iglesia. A su vez, la Iglesia ha hecho mucho para volverlo a acoger con los brazos abiertos. Ciertamente necesita un baño de humildad. Y luego, conocimientos erróneos, influencias erróneas, el reverendo Moon, la mujer que lo tiene aferrado a sí, los insondables misterios del alma humana... También Judas expulsaba los demonios como todos los apóstoles, y después entró en él Satanás. Una cosa es el poder de expulsar a los demonios y otra cosa las opciones y la vida personal.

O Jesús o el diablo

«Donde el temor de Dios guarda la puerta, allí no puede entrar el enemigo». La frase está tomada de las *Admoniciones* de san Francisco e ilustra a la perfección cómo la vida de oración y de sacramentos vivida en gracia de Dios protege de los maleficios, de las tentaciones y de todo tipo de influencia diabólica.

Muy bien lo explica y lo demuestra con su vida Rosa, o la señora Rosa, como la llaman todos. Un auténtico punto de referencia para aquellos que se dirigen al padre Amorth, de quien es un poco la memoria histórica, la colaboradora más fiable. Ella, su marido y sus seis hijos varones estuvieron atormentados por los maleficios durante 32 años, hasta que conoció al padre Cándido Amantini, el citado maestro del padre Amorth, el religioso pasionista que murió en 1992, muy famoso en Roma por ser el exorcista de la Scala Santa. Desde aquel momento, afirma Rosa: «En nuestra vida entró la gracia de Dios. Todo cambió radicalmente».

Su lucha fue larga y difícil. «Las enfermedades llegaban una tras otra. Todos estábamos enfermos. Males terribles, que nos debilitaban, algunos se presentaban en mis hijos desde su nacimiento. Los médicos no sabían ya qué hacer. Mis hijos fueron operados varias veces porque los análisis y exámenes médicos mostraban la presencia de graves enfermedades, pero a menudo en las intervenciones quirúrgicas no se encontraba nada. Abiertos y vueltos a coser inútilmente. Sin embargo, el mal persistía. Con el último hijo gravemente enfermo, en el hospital *Bambino Gesù*, un médico escuchó nuestra historia y nos aconsejó acudir al padre Cándido. Después de tantos años de sufrimientos, comenzó nuestro renacimiento y comprendimos lo que nos había sucedido».

Todo había comenzado en diciembre, más o menos dos meses antes del matrimonio de Rosa. «Mi marido había tenido una discusión con su madre. Él, que es impaciente frente a la pereza, había criticado el comportamiento de su hermano, quien siempre tenía una buena excusa para no trabajar, afirmando que no era cierto que estuviera enfermo, sino que simplemente no quería esforzarse. Mi suegra montó en cólera.

—"No es cierto –respondió–, eres un mentiroso y también tú sentirás lo que significa estar mal".

Puede parecer extraño, pero pocos días después a mi marido se le debilitaron las piernas. Ya habíamos fijado la fecha del matrimonio para febrero. Cuando nos casamos, él ya casi no podía tenerse en pie. Desde aquel momento en adelante caímos en un abismo de sufrimientos sin fin. No es fácil comprender estas cosas. Mucha gente no nos cree. Hacerse entender por los médicos es una cosa bastante difícil. Se nos tiene por locos. Uno termina al borde de la desesperación.

Una de las maldiciones de mi suegra, la última que produjo efecto, llegó cuando ya conocíamos al padre Cándido. Había dicho a mi marido:

—"Ojalá te dé un cáncer en la lengua".

Después de una hora ya estaba enfermo. Los análisis y los diagnósticos de los médicos fueron implacables: cáncer de garganta y en la raíz de la lengua. Al saberlo el padre Cándido, nos invitó a ir a verle. Nos encontramos con él un domingo después de misa. Nos llamó aparte. Exorcizó la garganta de mi marido. La curación fue inmediata y completa. Los análisis posteriores certificaron que ya no había nada».

De aquellas experiencias salió una familia unida, fuerte, marcada por una gran fe. Rosa se dedicó por completo a ayudar a las personas que sufren los problemas que ella misma padeció. El padre Cándido fue quien le pidió que acompañara al padre Amorth para ayudarle.

—«Lo he hecho por agradecimiento y por obediencia, y desde aquel día me puse a su servicio. He ayudado a muchas personas con graves problemas demoníacos que no sabían adónde ir ni a quién confiarse».

Rosa habla como embelesada, con una sencillez y una fe que no es fácil de encontrar en otras personas. Se comprende por sus palabras y por sus lágrimas, que de vez en cuando no logra contener, que aquellas historias la probaron hasta el límite de la capacidad humana. Pero está orgullosa de ello. Esta es ahora su vida y nunca la cambiaría, a pesar de la edad y de tantos achaques causados por su difícil existencia.

—«Cuando uno ha padecido tanto y ha conocido las gracias más grandes, no puede dejar de querer que también otras personas que sufren puedan gozar del mismo bien». Quien habla esta vez no es Rosa, sino la amiga que durante todo el tiempo de nuestro diálogo ha estado sentada junto a ella y la acompaña en su misión, porque de un tiempo para acá sufre del mal de Parkinson, como le había predicho el padre Cándido.

—«Pero cuando uno se ocupa de estas vicisitudes –pregunta el cronista con algún titubeo–, ¿no aparece el temor de exponerse a algo mucho más grande e incontrolable?».

La primera en responder es la amiga de Rosa:

—«También yo en un primer momento tuve miedo. ¿Cómo no temer frente a semejantes manifestaciones? Después comprendí que si llevas una vida de oración, de sacramentos, de confianza en Nuestro Señor, en la Virgen María, no debes temer ningún mal. Esto vale para ti y para todos los que se relacionan contigo. Una familia unida, donde la fe se vive y se ve, donde se hace oración, está bajo una gran protección. El bien es más fuerte que el mal».

Las dos mujeres me miran. Comprenden mi dificultad. Me invitan a tener fe, a orar, a seguir adelante en este complicado trabajo. No convencido insisto:

—«No es fácil juntar todas las historias que he oído, que he visto personalmente. Son tan terribles... Y debo contarlas de una forma que la gente no las rechace, que no las tenga como escenas de una película de terror o como creencias de otra época que no pueden tener credibilidad en el tercer milenio».

Esta vez es Rosa la que responde primero:

—«Ora al Espíritu Santo, verás como no tendrás ningún problema».

Para no volar sin alas

No hay que temer porque el bien es infinitamente más fuerte que el mal. El padre Amorth se detiene un momento, como absorto en un pensamiento, un recuerdo que lo mueve y prosigue al momento: *¿Quién sabe cuántos maleficios me habrán lanzado...? Cuántas tentaciones... El mismo padre Cándido desde el primer momento de nuestra colaboración me había asegurado:*

—«No temas, el Señor nos protege...».

Algún tiempo antes, cuando el entonces cardenal vicario de Roma, Ugo Poletti, me dio el encargo de exorcista, me confié totalmente a la protección y al auxilio de la Santísima Virgen. Envuélveme en tu manto, le pedí en la oración, y contigo estaré seguro. Una protección que he experimentado y vivido como invencible a lo largo de los años. Estoy convencido de eso. He tenido la prueba de ello por las mismas palabras de varios demonios, por boca de personas a quienes he exorcizado:

—«Contigo no podemos hacer nada porque estás demasiado protegido».

Y pensar que yo nunca había tenido la intención de ser exorcista. El cardenal Poletti me tomó por sorpresa de una forma tal, que no pude negarme.

Oír al padre Gabriel contar la historia de Poletti, quien lo obliga a hacerse exorcista, es gracioso. Al recordarlo le brillan los ojos, como cuando cuenta chistes, tanto más si cuenta lo que escuchaba de la propia voz del padre Pío: *Un hombre que cuando estaba dispuesto y tenía un momento libre, era una diversión.*

En aquella época en Roma a menudo me encontraba con el cardenal. Éramos amigos y él apreciaba mucho mis chistes. Cuando tenía chistes nuevos, me iba a buscarlo. Aquella tarde toqué el timbre de su habitación y él mismo abrió la puerta. Como siempre, después de mis historietas, charlábamos de muchas cosas, de conocidos comunes, de los problemas pastorales... Después de mucho hablar llegamos al tema del padre Cándido, quien tenía fama de santo varón y estaba sobrecargado de trabajo. El cardenal se detiene a razonar sobre el gran número de personas que cada día lo esperan para la misa, para los exorcismos. La Scala Santa estaba allí a dos pasos de su habitación. Con toda espontaneidad, le dije que de esas cosas yo estaba suficientemente informado porque:

—«Conozco bien al padre Cándido».

Al oír esto el cardenal me mira con una sonrisa y agrega:

—«Así enfermo como está, y con tantas personas que lo buscan, necesita ayuda...».

Mientras visiblemente entristecido expresa estos sentimientos de comprensión hacia la obra del exorcista, busca en su escritorio y en el cajón una hoja en blanco. Cuando la encuentra, se calla y comienza a escribir. Yo lo miro y él escribe. Levanta los ojos y después de firmarla, me entrega la hoja y me dice:

—«Muy bien, este es su nuevo oficio».

—«¿Mi nuevo oficio?», digo yo mostrando mi estupor.

Luego comienzo a leer la carta. Es mi nombramiento como exorcista de la diócesis de Roma, asignado al padre Cándido como su asistente y alumno. Naturalmente, trato de protestar:

—«Eminencia, usted sabe que yo no doy la talla, no soy capaz. No puedo. Sabe usted que soy un poco así... me gusta contar chistes, hacer monerías...».

Nada que hacer. El cardenal permanece firme en su decisión, convencido de que yo estaré a la altura. Con una bendición y una palmadita en la espalda me acompaña a la puerta asegurándome su oración. Aquella tarde yo tenía el tiempo libre y había ido a la habitación de mi amigo Poletti para contarle una de mis historietas. Y ahora salía con el cargo de exorcista. Con aquella hoja, al día siguiente, estaba yo ante el padre Cándido. Tiempo libre creo que ya nunca más lo he tenido.

En Roma la figura del padre Cándido es muy conocida entre quienes han hecho un cierto recorrido espiritual. Son muchos los que se han beneficiado de su obra y lo recuerdan como un santo. A veces basta preguntar para darse cuenta de que los hay incluso entre aquellos que se encuentran en la misa del domingo.

Un amigo querido, ahora felizmente casado y con hijos, que de joven sufrió una pesada influencia diabólica, debido a la influencia cultural de un músico con serios problemas de limitación física, ligado a una secta esotérica y ocultista, cuenta su experiencia con la lucidez que sólo tienen las personas que han tenido conocimiento directo del maligno y han logrado liberarse de él con una vida de fe: «Sin darme cuenta siquiera, emprendí el camino del mal. Yo había escogido el mal para mi vida». Un período que recuerda como muy triste, marcado por una gran tensión interior, por un siniestro deseo de muerte. Luego, el interés de la familia, las presiones de quienes están cerca...

Su vida vuelve a empezar al participar en una misa de sanación y liberación. «Allí sentí el extraordinario efecto de la paz de Jesús que te envuelve, que penetra en tu corazón. Una luz de sol naciente». Los encuentros con el padre Cándido y con el padre Amorth, que en esa época ya trabajaban juntos, se vuelven frecuentes. El recuerdo de las oraciones de exorcismo, de los consejos de los dos sacerdotes, de las misas multitudinarias a las seis de la mañana en la Scala Santa es inolvidable.

«Éramos muchos. Cada cual cargando un gran peso. Cuando el padre Cándido empezaba la oración del exorcismo en latín parecía que se abrían las puertas del infierno. Recuerdo a una chica. Estaba a mi lado. Mientras esperaba, charlamos largamente. Me parecía completamente normal. En un cierto momento comenzó a retorcerse, a dar gritos estentóreos, a silbar. Se puso a hablar en griego antiguo, gritando... Otras personas junto a ella comenzaron a agitarse, a hacer ruidos, a blasfemar... Luego sentí dentro de mí una gran paz. Cada vez era así. Parecía la experiencia de Elías, que se pone a la espera de Dios en la gruta, y después de ruidos y tempestades lo siente llegar en el viento suave. Todo a mi alrededor quedó en silencio. La chica se arrojó a tierra, doblándose. De su interior se oyó salir una voz diferente de la que había escuchado hasta aquel momento. Un terrible gruñido y, bien claras, las palabras en italiano:

—"Mi hai scovato" (Me has sacado de mi cueva)».

Las enseñanzas del padre Cándido siguen guiando a este amigo y a su familia por el camino de la paz de Cristo. «Me dijo que yo debía orar, y desde aquel día creo no haber fallado uno solo. La oración debe ser parte de tu vida, me dijo. Debes confiarte siempre a la Virgen. Y recuerda que el diablo siempre debe ser rechazado. Cualquier cosa o situación que te haga presagiar su presencia, aléjala de ti. Conserva siempre la libertad de tu alma. En el momento en que te parezca que estás privado de la libertad interior, debes alejarte de estas circunstancias, orar con más vigor. Recuerda que el diablo sabe ser fuerte sólo con los débiles y debe ser tratado con un sano desprecio».

Me vienen a la mente muchas imágenes de la Virgen de la Misericordia que se encuentran en muchos santuarios. Es fácil pensar por ejemplo en la del Monte Berico en Vicenza. La Madre Santísima envuelve con su propio manto a los fieles que se confían a ella. En algunas imágenes están puestas bajo su manto ciudades enteras. Hay cuadros en donde María extiende su manto sobre barcos en plena tempestad, personas suplicantes, enfermos iluminados por la gracia divina. Quien quiere una gracia y no acude a ella, recuerda el poeta: «Pretende volar sin alas». *El Señor nos ha dado muchas gracias para vencer al demonio. La oración... la oración tiene un poder enorme. Es el triunfo del bien. Luego, la vida sacramental. El encomendarse a la protección de la Virgen. La confianza incondicional en la Misericordia divina.*

Lamentablemente, muchas veces estamos distraídos. Cada uno, las comunidades, los sacerdotes. Nos adormilamos como los apóstoles en el Huerto de Getsemaní. O, peor aún, estamos convencidos, hemos sido convencidos de poder volar sin alas. En ese momento debemos poner mucha atención a no fiarnos, con ingenuidad o con malicia, de las depravaciones y trampas del demonio. La tentación siempre está al acecho y a menudo se compone de supersticiones. *También las pequeñas, insignificantes a primera vista, son como puertas abiertas al diablo.* Y aquí vale la pena dejar una vez más espacio a la narración del amigo con quien nos hemos encontrado ahora, incluso porque está respaldado por otros numerosos testimonios.

«Un día me encontraba precisamente junto al padre Cándido. Estábamos hablando. Era uno de los acostumbrados encuentros matutinos en San Juan y había mucha gente, muchos sufrientes, con distintos problemas. En cierto momento una viejecita diminuta se abre paso entre las personas. Se acerca y pide más o menos como hacían todos:

—"Padre Cándido, tiene que hacerme un favor".

Él la mira con su acostumbrada expresión acogedora, mostrándose dispuesto a acceder. La viejecita se anima y busca algo en sus bolsillos, tendiéndoselo con las dos manos, como se hace con algo precioso, que no puede perderse de ninguna manera. Le pide entonces:

—"Bendígame este crucifijo".

Diciendo esto, abre las manos y muestra una cadenita, de las que se llevan en el cuello, con una cruz de oro. El padre Cándido se dispone a dar la bendición, cuando se detiene rígido. En aquel momento me doy cuenta de que en las manos de la señora, un poco oculta por la cruz, sobresale la forma de un cuerno, también de oro y también colgado de la cadenita. El rostro del padre se ensombrece y se contrae. Su voz se eleva fuerte en la iglesia, con una autoridad que ninguno de nosotros había escuchado antes:

—"Usted no se da cuenta de lo que está haciendo. No puede confundir a Cristo con estas cosas. Váyase. Tire todo eso. Y vuelva solamente cuando haya escogido entre Jesús y el diablo"».

Las acciones del demonio

El problema del mal es de todos los pueblos y de todas las épocas, sabemos que este depende del demonio. Un conocimiento que nos viene por medio de la Revelación. Es el demonio el que produce el mal y su acción puede ser ordinaria o extraordinaria.

La acción ordinaria es la que se da normalmente con las tentaciones. Tentar al hombre es la actividad a la cual se dedica más el demonio y es la que más usa, porque mediante ella es como logra hacer que se pierdan las almas.

La actuación extraordinaria se da más raramente, por medio de los llamados maleficios.

Temas delicados y complicados. Antes de afrontarlos hay que reafirmar (volveremos sobre esto luego) el principio cristiano del Apocalipsis, según el cual en la batalla contra el mal el bien es el que triunfa y en esta batalla el hombre nunca está solo. Puede escoger quedarse solo, pero en el momento en que la busca, la gracia divina está lista a acompañarlo, a proporcionarle los instrumentos para combatir y para vencer. Y si nos equivocamos y persistimos en nuestro error, debemos saber que Jesús nos espera hasta el final. Quiere que seamos salvados y su misericordia está siempre lista a acogernos, basta que lo queramos. Nadie mejor que Jesucristo sabe que en el camino del mal basta con dejarse resbalar, en cambio en el camino del bien siempre se debe escalar. Todo depende de lo que se escoja y el Espíritu Santo está dispuesto a fortalecernos.

Para realizar su designio, el diablo usa todos los medios con el fin de tentar al ser humano. En este sentido la modernidad le ha ofrecido muchas más herramientas y con más frecuencia las personas se muestran incapaces de reconocer el mal. Como subraya san Juan en su primera carta: «Todo el mundo yace bajo el poder del maligno» (1Jn 5,19). El empeño principal del diablo es hacer que el hombre piense sólo en las cosas de la tierra. Es interesante, por ejemplo, cómo la sociedad, la publicidad y muchos medios de comunicación difunden con insistencia un modo de entender la belleza y la salud del cuerpo como si fuera el verdadero objetivo de la vida. El gran engaño de ser eternamente bellos, eternamente sanos. El reino de Satanás es el reino del engaño, contrapuesto al reino de Dios, que es el reino de la Verdad. Y sólo la Verdad nos hace libres (cf Jn 8,32).

En el reino de Dios todo lo que es de esta tierra está en función del fin último. Mi reino, subraya Jesús, no es de este mundo. Las bienaventuranzas están en función del reino de los cielos. Jesús no promete nunca felicidad terrena. El camino que lleva al paraíso pasa siempre a través del Calvario. El reino de Dios es el paraíso. La finalidad de la vida es merecérselo. Y si se salva el alma, cualquiera que haya sido nuestra suerte en esta tierra, la vida ha sido un éxito. ¿De qué sirve al hombre ganar el mundo entero si se pierde a sí mismo? (cf Mt 16,26). La parábola del rico epulón es una descripción fundamental para indicar que el camino es el respeto a los diez mandamientos.

Una cosa totalmente distinta es lo que yo defino, según una codificación aceptada por la Iglesia, como actividad extraordinaria del demonio. El concepto de extraordinario es relativo al hecho de que se trata de manifestaciones poco frecuentes, que muestran la fuerza del demonio, pero no son su actividad preferida.

Los males extraordinarios provocados por el demonio son cuatro: posesión, vejación, obsesión e infestación. Entre estos males la posesión es ciertamente el fenómeno más raro, como también es rara la infestación. La posesión es el fenómeno en el cual el diablo toma dominio del cuerpo de una persona contra su voluntad y, por tanto, influye eficazmente sobre su alma. También ha habido santos que han estado poseídos por el demonio. Expliquémonos: si una persona muere endemoniada, esto no influye sobre su salvación. En la posesión el diablo puede usar a su gusto el cuerpo en el cual ha entrado y, por tanto, las acciones realizadas por quien está poseído no son conscientes. Santa María de Jesús Crucificado, única santa árabe, nacida cerca de Nazaret, cuando estaba poseída por el demonio blasfemaba, hacía cosas inconfesables.

En los exorcismos a menudo se asiste a fenómenos extraordinarios desencadenados por el demonio. Movimientos y deformaciones de los miembros sencillamente inconcebibles en una persona normal, levitación del cuerpo, cambios repentinos de voz, personas que a duras penas conocen la lengua materna y de repente hablan diferentes lenguas. Pero, atención. No siempre la gravedad de la situación es directamente proporcional a la crudeza de lo que aparece. No es lo extraordinario de las manifestaciones lo que nos hace comprender si nos encontramos frente a casos complejos, es decir, situaciones en que es difícil llegar a la liberación.

Hay casos en los que el demonio se mantiene oculto y luego quizá se requieren años para que la persona se libere, y hay otros en los que a pesar de manifestaciones demoníacas deslumbrantes, la persona se libera en poco tiempo. Pero a veces, incluso, es difícil llegar a una liberación completa. Sobre esto, debo decir que el padre Cándido me quitó desde el principio toda ilusión, invitándome a ejercitar la humildad. Frenando mis entusiasmos iniciales, me dijo:

—«No esperes ver que al final de un exorcismo alguien queda liberado. Es un suceso muy raro».

En efecto, nunca he tenido el gusto de ver a una persona completamente libre después de un exorcismo. La liberación se da casi siempre en otras situaciones. De ordinario en ambientes sagrados, principalmente en santuarios. El padre Cándido, por ejemplo, era especialmente devoto de Lourdes y Loreto, adonde enviaba a menudo a las personas que exorcizaba, porque le constaba que muchos de ellos se liberaban en estos lugares. En Loreto tuvimos muchos casos de liberación. Pero puede suceder en cualquier parte, entrando en una iglesia, durante una simple oración o en el curso de las actividades diarias del trabajo.

Una gran escuela de humildad. La gente, estos grandes sufrientes, vienen a nosotros con expectativas. Tienen extrema necesidad *de ayuda.* A menudo han llamado a decenas de puertas sin encontrar una respuesta a sus propias necesidades. Han recorrido hospitales, médicos, psiquiatras, clínicas psiquiátricas, han tomado psicofármacos, han gastado mucho dinero con los psicoanalistas, han pasado por operaciones quirúrgicas, a veces repetidas, a veces inútiles. Han hablado con sus párrocos, han llamado a muchas puertas, pero no han encontrado quién los escuchara en profundidad y comprendiera su terrible drama. *Los exorcistas son muy pocos y muchos sacerdotes, incluso obispos y teólogos, menosprecian el problema, lo rehúyen como si fuera una superstición. Así, estas personas, después de haber encontrado muros de incomprensión y de ignorancia, cuando llegan a nosotros se entregan totalmente. Pero nosotros somos solamente siervos inútiles, digo yo, buenos para nada. Somos simples instrumentos en las manos de Dios. No somos nosotros quienes liberamos del demonio, sino Jesucristo. Nosotros, por cuenta de la Iglesia, actuamos en el nombre de Jesucristo, cuyos exorcismos narrados en el Evangelio, como dice el Catecismo de la Iglesia católica, en el n. 550, «anticipan la gran victoria de Jesús sobre el "príncipe de este mundo" (Jn 12,31)».*

Una verdad de fe explícitamente afirmada por Juan Pablo II el 20 de agosto de 1986 hablando a los exorcistas: «En la victoria de Cristo sobre el diablo participa la Iglesia: Cristo, en efecto, dio a sus discípulos el poder de expulsar a los demonios. La Iglesia ejerce este poder victorioso mediante la fe en Cristo y la oración que, en casos específicos, puede asumir la forma del exorcismo».

Volviendo a la singularidad de las manifestaciones diabólicas, uno de los casos más sencillos y rápidos que he tratado fue muy complicado. Cierto día, un fraile franciscano, amigo mío, me visita. Un hombre particularmente robusto que, junto con otras dos personas, estaba sujetando a un joven agitadísimo. Era un campesino, había crecido en el campo, tenía un bajo nivel de educación y nunca había salido de la tierra donde había nacido. En el exorcismo se agitaba y vociferaba en perfecto inglés. Hasta necesité un intérprete para entenderlo.

—«Yo soy Lucifer, el rey de los escorpiones», decía.

Parecía verdaderamente un caso terrible. Hasta había fenómenos de levitación. Un día, en el coloquio que solemos hacer con el diablo durante el exorcismo, le pregunté:

—«¿Cuándo te vas?».

Desde aquel momento la respuesta fue invariable:

—«El 21 de junio a las 11».

Yo lo exorcizaba dos veces por semana. En esa época trabajaba en la Vía Merulana, en el convento de los franciscanos, en la iglesia de San Antonio. La primera vez era febrero y, debo decir, nunca más he tenido un caso que se solucionara tan rápido. Para comprobarlo, fijé una cita para el día 22 de junio. El campesino vino calmado, tranquilo, como nunca lo había visto antes. Le dije que me contara lo sucedido:

—«Yo estaba en el campo, trabajando. De repente creo haber dado un gran grito. Miré a mi alrededor atemorizado. Luego me sentí mejor. Ahora estoy bien».

Entonces le hice el exorcismo, pero no pasó nada. Lo he hecho venir otra vez y he repetido el rito del exorcismo. Nada. Estaba libre. Y ya no era capaz de decir una sola palabra en inglés. Nunca lo había aprendido y no sabía hablar inglés.

Un caso que sirve también para mostrar cómo es necesario preguntar al demonio cuándo piensa irse, cuánto tiempo le ha sido concedido. El ritual lo prevé expresamente. A ser posible, hay que preguntar incluso el día y la hora. El diablo sabe perfectamente que tiene poco tiempo disponible. Además también se lee en el significativo capítulo 12 del Apocalipsis, que aclara, en parte, lo que hemos dicho y que tendremos ocasión de volver a ver: «Ahora ya ha llegado la salvación, el poder y el reinado de nuestro Dios y la potestad de su Cristo, porque ha sido precipitado el acusador de nuestros hermanos, el que los acusaba día y noche delante de nuestro Dios. Ellos lo vencieron en virtud de la sangre del Cordero y por la palabra de testimonio que dieron, porque despreciaron su vida ante la muerte. Por eso, regocíjense, cielos y los que en ellos habitan. ¡Ay de la tierra y el mar!, porque el diablo ha bajado a vosotros con gran furia, sabiendo que le queda poco tiempo» (Ap 12,10-12). Por eso se apresura en el intento de hacer daño al mayor número posible de personas. Naturalmente, siempre hay que verificar y confrontar lo que el diablo dice en el exorcismo, porque muchas veces es mentiroso.

Recuerdo a una chica que tenía alteraciones desde los dieciséis años. En el exorcismo le pregunté:

—«¿Cuándo entraste?».

—«A los dieciséis años», me respondió.

Después del exorcismo hablé largamente con la chica y, separadamente, con sus padres para saber con precisión cuándo habían empezado los primeros síntomas. Tuve la confirmación de que, efectivamente, los primeros influjos maléficos se habían manifestado a la edad de dieciséis años.

Muy distinto es el problema de la vejación. Las vejaciones son males grandísimos provocados a los hombres, pero sin que haya posesión. El caso de la familia de Rosa, que ya contamos, es un ejemplo perfecto. El sujeto vejado no es poseído por el demonio. Dentro de él no está el demonio. Los dolores, las enfermedades y las maldades que sufre son, sin embargo, tales que le obstaculizan su libertad. Esto naturalmente puede suceder de diversos modos. Pueden darse vejaciones físicas: una enfermedad, dolores muy fuertes, varias enfermedades juntas; mentales: bastante común es el caso de agotamiento, de depresión; en los afectos: no se logran relaciones estables; en el trabajo: actividades económicas que fracasan sorpresivamente, despidos injustificados, ofertas de trabajo que se pierden sin motivo.

Los problemas de vejación son múltiples y casi siempre generados por maleficios. Entre los más comunes está el caso de un próspero negocio que, a causa de un maleficio, comienza a decaer inexplicablemente. Podría decirse que es por incapacidad empresarial o por cambios en el mercado. Pero cuando se trata, como me ha sucedido, de empresas que van viento en popa, situadas en calles de gran movimiento comercial, que de un día para otro pierden todos sus clientes, quizá a favor de un competidor que acaba de abrir, es difícil pensar en incapacidad empresarial o escaso atractivo de los productos ofrecidos. Sobre todo si la mercancía y los precios son los mismos de la competencia y el comerciante en cuestión siempre ha tenido una buena aceptación por parte de sus clientes.

Cuando el que padece este drama económico viene a pedirnos ayuda, entonces sucede que casi de repente aparecen las verdaderas razones. Se va al negocio, se lo bendice periódicamente, a veces allí se celebra la misa, se hacen oraciones de liberación y se ve que poco a poco la actividad económica da señales de mejoría. Se necesita el tiempo, la fe, la oración para volver a estar como antes. Sin embargo, hay episodios en que la fuerza del maleficio es tal, que incluso es preferible cambiar de actividad, porque con la espera el perjuicio sería económicamente insostenible.

También son comunes los casos ligados a situaciones afectivas. Un joven después de algunos años de noviazgo se da cuenta de que esa no era la mujer para él. Interrumpe el noviazgo de forma normal, buscando no provocar excesivo dolor en la novia. La madre de ella no se resigna, acude a un mago o a una hechicera y comienza un terrible calvario para aquel joven: no logra encontrar un trabajo que dure más de un día, no logra entablar una relación estable, enferma, no logra hacer nada que requiera un mínimo de empeño. El padre Cándido curó muchas enfermedades de este tipo. Los órganos más atacados son de ordinario el estómago y la cabeza. Órganos que tienen que ver con funciones vitales esenciales como el comer y la afectividad. En el caso de neurosis, agotamientos nerviosos, depresiones, como ya hemos dicho, muchas veces es difícil encontrar cuáles son efectivamente las causas.

En la categoría de los disturbios y de las inestabilidades psíquicas entra a menudo también el fenómeno de la obsesión. Se trata de un mal diabólico que provoca pensamientos recurrentes, obsesivos, aparentemente invencibles de modo que llevan a la desesperación y a veces incluso al suicidio, o al asesinato. Si se considera que el demonio puede influir en los sueños, se comprende cómo la obsesión puede impedir incluso dormir.

Además hay fenómenos de intervención en los sueños mucho más leves, que tienen que ver estrechamente con las tentaciones. Sueños ligados a la esfera sexual o al abuso del prójimo. Pero también hay sueños que provocan terror; que espantan y no dejan dormir. Los medios de comunicación a menudo explotan estos temas y no podemos fingir que no sabemos que el diablo también actúa a través de ellos. Las películas que provocan miedo o terror; las basadas en la violencia, frecuente por sí misma; las de sexo, las de prevaricación física y psicológica, en especial si se recurre a prácticas esotéricas y ocultistas; ciertos dibujos animados. Se trata de temas recurrentes en los sueños inducidos por el demonio.

El fenómeno de la infestación tiene que ver con cosas, objetos, a veces imágenes sagradas, animales. Se trata de cuestiones muy complicadas, también muy ligadas a maleficios, de las cuales no es fácil salir sin soluciones drásticas, tales como la alienación del bien.

Partícipes de la redención del mundo

A la luz de esta situación se hace fundamental entender cómo se cae en estas trampas, cómo se puede llegar a ser víctima de estas acciones demoníacas y cómo puede uno defenderse de ellas. *Las causas, según la subdivisión adoptada por mí y aceptada por la Iglesia, son cuatro. Dos son «culpables» y dos son «inculpables». Es fundamental conocer las causas «culpables» para poderlas evitar.*

El caso «inculpable» es muy raro porque tiene que ver con algunos grandes santos, ascetas y místicos, en quienes es Dios mismo quien permite al diablo probar sus almas con tentaciones y vejaciones para que se fortalezcan en la fe y prueben al diablo, como en el caso de Job, que saben resistirle. Es «inculpable» el caso de quien padece maleficios y a causa de ellos es vejado o incluso poseído por el demonio.

En cambio es «culpable» confiarse a magos, hechiceras o a cualquier forma de adivinación. Es «culpable» abandonar voluntariamente el camino de Cristo, llevar una vida disoluta y de pecado, dejarse fascinar hasta el punto de acercarse a sectas pseudo-religiosas o satánicas.

En todos los casos, siempre y de todos modos, la oración es el arma de defensa por excelencia. «Velad y orad para no caer en tentación», aconseja Jesús a los apóstoles en el Huerto de los Olivos. Una invitación que se repite continuamente en todas las apariciones marianas. La misma oración que Jesús nos enseñó, el Padrenuestro, después de la alabanza a Dios, la aceptación del

Reino, la invocación para pedir el sustento diario, el perdón de los pecados y la reconciliación con el prójimo, pide expresamente a Dios ayuda en las tentaciones y socorro para enfrentarse al maligno. En efecto, sin la ayuda de Dios quedamos indefensos.

En la curación del endemoniado al pie del Tabor, que analizaremos más adelante, Jesús subraya con firmeza que sin la oración no se obtiene este tipo de intervenciones divinas. *Para la liberación del mal hay que orar por uno mismo y por los demás. Muchas veces es sólo con la oración como podemos ayudar a las personas que están perdidas en el pecado y rechazan toda clase de ayuda. Es el padre del endemoniado quien ora con insistencia a Jesús para que lo libere de aquella terrible enfermedad. Son muchos los padres que experimentan este tipo de dolor por los hijos que se han perdido a causa de vanidades, malas compañías, conductas reprobables de vida. Su oración está hecha de sufrimiento, de lágrimas y de confianza al mismo tiempo.*

En este caso es bello recordar el ejemplo de santa Mónica, la madre de Agustín de Hipona. En los años de la juventud de su hijo, perdido en los vicios y en una vida disoluta, como cuenta él mismo en las *Confesiones*, está siempre a su lado, pero sobre todo ora intensamente para obtener de Dios el don de su conversión. Una fidelidad y una confianza en Dios que aquel hijo nunca olvidará, tanto que se transforma en la base sólida de su misma santidad.

Hablábamos de las causas que introducen al demonio en nuestra vida y nos ponen en sus manos. Las dos que hemos definido como «inculpables» se deben considerar como poco frecuentes: aquellas en las que Dios mismo permite la acción del demonio; aquellas producidas por maleficios.

El primer caso puede ser difícil de entender en su lógica salvífica, pero está estrechamente ligado a la vida de muchos santos y, ante todo, a la vida de personajes bíblicos. Para comprenderlo hay que leerlo a través de la misión terrena y la experiencia de la cruz de Jesucristo. En síntesis: Dios permite al demonio actuar, sabiendo que la persona afectada se santifica en su actuación de resistencia al mal. San Juan Crisóstomo sostenía, paradójicamente, que «el diablo es santificador de las almas». Por lo demás, son muchos los ejemplos de santos vejados por el demonio. De san Francisco al padre Pío, al santo Cura de Ars, etc. A este propósito, el santo de Pietrelcina explicaba que de todos modos «el sufrimiento es preciosísimo», porque nos hace partícipes de la obra redentora de Jesús. Y en los casos específicos de los santos es Jesús mismo quien pide a estas personas participar con su sufrimiento en su acción de redención, cuando no son ellos mismos quienes directamente se ofrecen para ello.

Una petición recíproca que es formulada expresamente en las visiones, en los diálogos místicos y que, a veces, se ordena a la salvación de personas determinadas. En el Antiguo Testamento hay muchos ejemplos de este tipo. El libro de Tobías y el libro de Job son muy interesantes a este respecto. En ellos la acción del diablo, no sólo tentadora, es puesta en relación con la acción salvífica y liberadora de Dios, realizada a través de los hombres. A Tobías y Tobit, Dios les manda su ángel, pero son las acciones de los dos hombres las que hacen posible la tarea a realizar, incluida la liberación de su novia Sara del demonio por medio de la obra de Tobías. La fidelidad de Job contra toda evidencia, contra todo abuso realizado por el mal, es lo que lo santifica y lo justifica ante Dios y ante los hombres. Aquí el diablo pone a prueba a Dios a través de Job y Dios lo escoge como artífice de la derrota del demonio, esto se evidencia en el diálogo entre Dios y Satanás en el primer capítulo: «Has bendecido las obras de sus manos y sus rebaños se extienden por el país. Pero extiende tu mano y toca todos sus bienes. ¡Verás si no te maldice a la cara!» (Job 1,10-11). El mismo diálogo se repite en el capítulo segundo cuando Satanás se da cuenta de que la fidelidad de Job perdura a pesar de haber caído en la ruina económica: «Pero extiende tu mano y toca sus huesos y su carne. ¡Verás si no te maldice a la cara!» (Job 2,5). También acepta el Señor la provocación del demonio y en el versículo siguiente le concede cuanto ha pedido: «Ahí lo tienes en tus manos; respeta, sin embargo, su vida» (Job 2,6), como antes le había puesto el límite de respetar su integridad personal.

Conocemos bien la historia. Job sigue fiel a su Señor a pesar de todas sus desgracias y de las mil dudas que el diablo le insinúa a través de las personas que lo rodean, su mujer y sus amigos. Cuando Satanás recibe su lección, Dios le devuelve a Job la salud, la fortuna y todos sus haberes, multiplicándoselos. *Lo mismo que Job, el hombre con su fidelidad alcanza los cuatro objetivos de humillar al demonio (el acusador del Apocalipsis), dar gloria a Dios recibiendo su recompensa, y participar en la redención del mundo.*

Con respecto al Evangelio podemos citar el episodio del joven rico (Mt 19,16-22). Él mismo es quien se presenta al Maestro para saber cuál es el camino de la santidad. Su exigencia es elevada, como ya es alta su conducta moral. En su confesión a Jesús, el joven explica que acata todos los mandamientos y la ley de Abrahán. Jesús, que lee en su mente, sabe que es sincero. En los evangelios de Marcos y Lucas se expresa claramente: «Mirándolo lo amó». Luego responde a su pregunta indicándole el camino de la santidad perfecta, de la entrega total a Dios: «Si quieres ser perfecto, ve, vende lo que tienes, dalo a los pobres y tendrás un tesoro en el cielo. Luego, ven y sígueme» (Mt 19,21). En este punto el Evangelio no hace ningún comentario. Simplemente observa que, como era muy rico, «se fue triste». Jesús le propone dar el último paso, pero él no es capaz de renunciar a las comodidades y a los poderes de la riqueza. Jesús lo ama al instante y quisiera que Dios fuera todo para él. Pero él, que podía dar aquel paso porque tenía la capacidad para ello, rechaza la propuesta.

Naturalmente, no sabemos lo que sucedió después. Podríamos pensar que enseguida aquel joven se pudo liberar de esta última debilidad, que escogió el camino de Zaqueo o el de los siervos fieles de la parábola, haciendo fructificar sus riquezas por amor y respeto para con Aquel que se las confió. Sólo sabemos que Jesús se dirige a los discípulos que han observado la escena diciendo aquella frase terrible y famosa: «Difícilmente un rico entrará en el reino de los cielos. Os lo repito: es más fácil que un camello pase por el ojo de una aguja que un rico entre en el reino de los cielos» (Mt 19,23-24).

Una expresión durísima. Los discípulos intuyen que con el concepto de riqueza se indica todo lo que los tiene ligados al mundo y están turbados por ello. Por eso preguntan: «Entonces, ¿quién puede salvarse?» (Mt 19,25). *La respuesta de Jesús es luz pura, capaz de lanzar una gran esperanza en nuestra vida. «Esto es imposible para los hombres, pero para Dios todo es posible» (Mt 19,26). Una esperanza grande, que nos afianza en una certeza todavía mayor: «Todo el que haya dejado casas, o hermanos, o hermanas, o padre, o madre, o hijos, o campos por mi nombre, recibirá cien veces más y tendrá en herencia la vida eterna. Muchos de los primeros serán últimos, y los últimos serán primeros» (Mt 19,29-30).*

Es interesante un pasaje de san Pablo, precisamente porque clarifica los motivos por los cuales Dios deja al demonio intervenir sobre las personas elegidas: «Y para que no sea orgulloso por la sublimidad de las revelaciones, me han clavado una espina en el cuerpo, un ángel de Satanás, que me abofetea para que no me haga un soberbio. Tres veces he pedido al Señor que me saque esa espina, y las tres me ha respondido: "Te basta mi gracia, pues mi poder triunfa en la flaqueza". Con gusto, pues, presumiré de mis flaquezas para que se muestre en mí el poder de Cristo. Por esto me alegro de mis flaquezas, de los insultos, de las dificultades, de las persecuciones, de todo lo que sufro por Cristo, pues cuando me siento débil, es cuando soy más fuerte» (2Cor 12,7-10).

A la luz de este razonamiento sobre las tentaciones, también en relación con el joven rico, hay que recordar el principio general por el cual nunca le es permitido al demonio afectar a una persona más allá de sus capacidades de resistencia al dolor o a los halagos de las tentaciones. Los santos en niveles más altos, las personas normales en niveles más bajos. Y en el caso en que caigan siempre es por su libre voluntad de dejarse llevar, secundando sus debilidades.

A uno de sus frailes que estaba padeciendo una tentación, san Francisco –cuenta su primer biógrafo y cohermano Tomás de Celano–, le explica: «Créeme, hijito, que precisamente por esto te tengo como siervo de Dios y has de saber que mientras más tentado seas, tanto más te quiero. Nadie debe tenerse por siervo de Dios si no ha pasado a través de las tentaciones y tribulaciones. La tentación vencida es en cierto modo el anillo con el cual el Señor desposa al alma de su siervo. Muchos se complacen por los méritos adquiridos en largos años y se alegran de no haber sufrido estas tentaciones; pero sepamos que este es un indicio de que el Señor ha tenido en cuenta su debilidad espiritual, ya que aun antes de la batalla el solo terror hubiera bastado para vencerlos. En efecto, no se suscitan duros combates, sino contra quien posee una fuerza de ánimo a toda prueba».

Y como san Francisco exhortaba a sus cohermanos, la venerable María Josefina de Jesús Crucificado, carmelita descalza, fundadora del Monasterio de los Santos José y Teresa en Nápoles, recordaba con estas palabras a sus cohermanas la misión que habían escogido en el momento de entrar en clausura: «Una religiosa es un alma que se encierra en el monasterio como el soldado en la trinchera para combatir. Por tanto, tú debes pensar que estás en el Carmelo para la defensa de las almas contra los asaltos del enemigo infernal. Por consiguiente, no te acobardes en la lucha interior que sufres y que crece dentro de ti, en vez de la paz y la quietud con que soñabas. Recuerda que este es el oficio del alma consagrada a Dios bendito: combatir y vencer». Santa Catalina de Siena decía que Dios permite las persecuciones del demonio contra nosotros «para darnos materia de mérito, además de despertarnos de nuestra somnolencia de la acidia».

El diablo es capaz de causar enormes sufrimientos a quien emprende el camino de la santidad. Y los santos con su fidelidad a Dios contribuyen al triunfo final del bien, a la acción redentora de Jesús. Es fácil recordar el ejemplo del padre Pío. El demonio pudo ensayar toda clase de males contra él, desde las tentaciones al dolor físico, a los golpes. Y el padre Pío con el mismo orgullo de la fe que tuvo también san Pablo, podía decir: «Siempre he vencido yo».

Como contratar a un asesino

La segunda intervención directa del demonio en la vida del ser humano, que podemos definir como «inculpable» para quien la padece, es el maleficio. *Se trata de la principal causa inculpable y es, aunque bastante rara, la que produce aparentemente los peores males sobre la persona.*

De hecho, el maleficio se califica como acción malvada de un hombre contra otro realizada por medio del demonio. En efecto, no hay que olvidar que el demonio no puede actuar directamente contra el hombre, sino a través de la mediación humana. En resumen, el demonio puede ser aceptado libremente o se lo puede padecer porque alguien te lo ha arrojado en tu contra, es decir, te ha hecho un maleficio. Esto resulta terrible y devastador sólo al pensarlo. *Es como contratar a un asesino, una banda de matones y de verdugos.*

Pero frente a esta aparente incapacidad de evitar el mal, conviene volver a decir que *los maleficios no pueden nada contra las personas que están unidas a Dios en la oración y que en la vida han hecho una clara opción a favor de Cristo. Opción que estamos llamados a renovar diariamente por nosotros y por nuestras personas más queridas. En la oración pero también en las acciones de todos los días.* Y no es una simple sugestión si pensamos en la respuesta de la turba a la pregunta de Pilato (Mt 27,17): «¿A quién queréis que os suelte, a Barrabás o a Jesús llamado el Cristo?».

A los maleficios se deben más del 95% de los casos de personas poseídas o con males causados por el demonio, que son mucho más frecuentes que las posesiones. Los tipos de maleficio son múltiples. Se emplean desde tiempos remotos y siguen practicándose con los mismos medios: hechizo, atadura, maldición, macumba, vudú, mal de ojo, filtros mágicos, sólo por nombrar los más comunes. Son nombres que nos recuerdan épocas y creencias que se piensa que ya están sepultadas con el tiempo. En realidad se trata de prácticas aún vigentes. Basta informarse sobre el armamento o instrumental de cualquier mago o hechicera para comprender que no se trata de cosas pasadas de moda.

Es importante aclarar que la víctima que sufre el maleficio es inocente. No pueden atribuírsele los efectos del maleficio que ha sido lanzado en su contra. Aunque nos encontremos frente a una persona poseída por el demonio. En cambio es «extremadamente culpable» (el padre Amorth utiliza precisamente esta expresión para definir el grado máximo de culpabilidad) *quien hace el maleficio y quien lo encarga. Se trata, en efecto, de personas que actúan por cuenta del diablo o que se han puesto en sus manos para lograr sus objetivos. Para expiar semejantes maldades se necesita un cambio radical de vida, una oración y un ejercicio de la caridad constantes, el acercarse sinceramente al sacramento de la confesión. Sin embargo, en la mayoría de los casos no pueden remediarse los daños ya causados.*

Las historias son muchas y todas particularmente inquietantes, también porque a menudo están ligadas a los afectos primordiales de la persona que es perjudicada. *El que hace el maleficio o quien lo encarga, es muchas veces el padre, la madre, un pariente, un amigo íntimo de la víctima. Y es justamente en el ámbito de los lazos afectivos más estrechos donde se encuentran los casos más difíciles.* Es como si el odio con el cual se hace el maleficio fuera directamente proporcional a la fuerza del lazo afectivo anterior y con esa misma fuerza se realiza el objetivo.

El padre Cándido contaba el caso de una hija de dos campesinos. Una familia pobre que después de muchos esfuerzos logra que su hija estudie medicina y sea una doctora. Los padres interpretan aquel logro como el comienzo de un importante ascenso social y ponen en la hija todas sus ambiciones, deseos de reconocimiento y de superación. Quedan muy desilusionados cuando ella se enamora de un obrero y anuncia su compromiso. Los padres se oponen a aquella unión por todos los medios. Sin embargo, los jóvenes siguen unidos y con estas adversidades su vínculo se hace todavía más fuerte.

Cuando anuncian el matrimonio, a la chica le parece que el padre y la madre están comenzando a resignarse. Habla de ello con el novio y se sienten felices. Fijan la fecha de la boda y comienzan los preparativos. A los dos les parece que todo sigue de la mejor forma: no saben que el desacuerdo inicial de los padres de ella se ha transformado en un odio profundo, que sólo espera el momento justo para manifestarse plenamente. Incluso en la iglesia el matrimonio se desarrolla normalmente. Los invitados se trasladan al restaurante para el banquete. En cierto momento, en el trascurso del banquete, el padre llama aparte a la hija, la lleva consigo a otra sala del restaurante y allí, con palabras estudiadas detalladamente y una absoluta perfidia satánica, la maldice a ella, al marido, a su unión y a los eventuales hijos, augurándoles los males más terribles. Desde aquel momento para los esposos comienza un martirio sin fin. El marido pierde el trabajo. Las enfermedades y las desgracias de todo género se suceden ininterrumpidamente. Era tal la maldad con que fue hecho el maleficio, que el padre Cándido nunca logró resolver el caso, sino sólo darles remedios parciales.

También hay maleficios que son renovados sistemáticamente. He tenido casos en los que quien hacía el maleficio llegaba a saber de los exorcismos a los que se confiaba su víctima y cada vez repetía el rito maléfico. Pero en estos casos si hay constancia en las oraciones y en los exorcismos, puede decirse que, por lo general, el maleficio resulta cada vez más débil, aunque se necesita tiempo para la liberación. Se puede afirmar también que esta es la clásica tipología de maleficio en que, si muere el artífice, la liberación resulta más sencilla. Esto en contraposición a los casos de maleficios muy fuertes, en los cuales a pesar de la muerte o el sincero arrepentimiento del artífice, la liberación sigue siendo muy difícil.

Recuerdo a una madre que había lanzado una maldición a su hijo y después se había arrepentido, comenzando un duro recorrido de fe y de expiación. Sus esfuerzos no sirvieron para liberar al hijo de la asechanza diabólica.

No hay que olvidar que antes la Iglesia consideraba que los exorcismos se debían aplicar sólo a quien estaba poseído del demonio, el catecismo actual en cambio ha dado un gran paso adelante, subrayando que aun en los casos de asechanza diabólica se procede con el exorcismo. Y los casos de maleficio con asechanzas diabólicas son relativamente frecuentes.

Es suficiente seguir por algunos días la actividad de un exorcista para darse cuenta de ello. La agenda de citas está siempre llena. Y a menudo los casos parecen repetirse. Los sentimientos de odio y de envidia, además, se enfocan casi siempre sobre las mismas cosas y, si es posible, repercuten en los afectos, el dinero, el trabajo, el éxito, la belleza, la salud y en la casa donde se vive.

Hay ejemplos de casas afectadas con maleficios: ruidos extraños, luces y electrodomésticos que se encienden, imposibilidad para dormir tranquilamente. La gente que allí vive está muy mal. Y liberar las casas de maleficios es muy complicado. Muchas veces ha sido necesario invitar a los residentes a cambiar de vivienda. Sucede también que en algunos casos se llegan a descubrir otras motivaciones para estos sucesos: que en aquella casa tuvieron lugar suicidios; que la habían habitado cartománticos o magos o adeptos a sectas satánicas; que allí tuvieron lugar sesiones espiritistas, asesinatos especialmente crueles, ejecuciones extrajudiciales en su interior o fuera (hay muchas historias de casas malditas ligadas a terribles episodios acaecidos en épocas de guerra); que el terreno sobre el cual se construyó la casa fue un viejo cementerio con difuntos que no han encontrado la paz eterna.

Pero también puede haber factores más comunes, porque en esencia todo tipo de maldad malignamente buscada y obtenida puede provocar tales situaciones, aunque de ordinario es causa de malestares espirituales o psicológicos que tienen que ver con las personas, y entonces bendecir la casa o ir a vivir a otra resulta totalmente inútil. El problema está dentro de cada cual y cada uno debe resolverlo: ante todo con el perdón y confiándose a María y a la divina misericordia.

Desde los primeros siglos los cristianos han sido conscientes también de la posibilidad de que el diablo pudiera tomar posesión, entrar no sólo en los hombres, sino también en los animales y en las cosas. En este sentido hacía de guía el Evangelio, por ejemplo, con el emblemático caso del exorcismo sobre el endemoniado de Gerasa, con los demonios que entran en los puercos. Los mismos Padres de la Iglesia no dejaron de analizar estos aspectos. Orígenes testimonia abiertamente que en el nombre de Jesús se pueden expulsar los demonios presentes no sólo en las personas, sino también en los objetos, en las casas, en los animales. El *Catecismo de la Iglesia católica* lo expresa en el n. 1673, cuando define el significado de exorcismo: «Cuando la Iglesia pide públicamente y con autoridad, en nombre de Jesucristo, que una persona o un objeto sea protegido contra las asechanzas del maligno y sustraída a su dominio, se habla de exorcismo...».

Pero hay que estar atentos a saber interpretar los fenómenos relativos a cosas y animales. A veces son simplemente equívocos. Resulta simpático un caso que le sucedió a Don Bosco. Una vez había ido a una casa de campo para pasar unos días de reposo. Estaba con otras personas. Por la noche comenzaron a oírse fuertes ruidos. Provenían del techo y parecían inexplicables. Él pensó en la presencia del demonio, pues le había sucedido a menudo el ser perturbado por él. Se puso a orar. Luego, constatando que los ruidos no cesaban, decidió con sus amigos hacer una inspección, encontrando una gallina que se había perdido en la buhardilla y, aterrada, se sacudía desesperadamente. Para festejar la positiva y graciosa conclusión de aquella noche de sueño perdido, mataron la gallina, la desplumaron y juntos se la comieron.

De forma espontánea nos preguntamos por qué motivo los maleficios están relativamente tan extendidos... *El espíritu de venganza, el deseo de resarcimiento, el odio, la maldad por la maldad son males absurdos y muy comunes, aunque al practicarlos no se obtenga ninguna ganancia. Tenemos tendencias innatas al mal que difícilmente refrenamos y el demonio está continuamente en busca de los puntos débiles de cada uno. Actúa sobre ellos y nos tienta con todas sus fuerzas. Luego, si en vez de resistirse, de huir de las tentaciones entregándonos a la oración, a las protecciones divinas, simpatizamos con el mal y andamos buscándolo para hacérselo a otros, entonces ofrecemos al diablo la posibilidad real no sólo de inspirar nuestras acciones, sino también de proyectar al exterior el mal que tan perversamente pretendemos.*

Magos, hechiceras y cartománticos

Entre las causas «culpables» de intervención del diablo en la vida de una persona está el frecuentar magos y cartománticos. Un fenómeno muy común que se ha vuelto aún más incisivo desde que la televisión se ha convertido en un eficaz instrumento persuasivo en sus manos. Para la televisión alquilar espacios a magos y cartománticos es un negocio equiparable a las televentas, mejor que la difusión de cine pornográfico, muy similar, en cuanto a ganancias, a la promoción de las líneas calientes. Sobre todo es un negocio fácil porque, como siempre, el mal no exige esfuerzo. Se asignan franjas de programación a estos personajes, que así tienen la posibilidad de ver multiplicados sus contactos con personas en dificultad, con escaso peso espiritual y fácilmente abordables. Esta es la misma lógica que empuja a los propietarios de los canales de TV a conceder todo el espacio nocturno a mujeres que promueven las líneas calientes. El resultado es siempre el mismo: hay personas corruptas que se enriquecen corrompiendo a otras. Las consecuencias espirituales, naturalmente, varían de persona a persona, de mago a mago, de mujerzuela a mujerzuela.

Las personas que frecuentan a los magos son de las más variadas características, sin distinción económica ni cultural. Hombres y mujeres que muchas veces tienen dificultades en su relación con lo sagrado, en especial con la fe católica. Son muchas las personas cultas, los personajes importantes, que se confían a los magos, o que se hacen leer las cartas, o se hacen predecir el día mediante los horóscopos. Como también son muchos los llamados «laicos» o anticlericales, que no rechazan tales visitas, y están siempre listos a juzgar como insulsas las verdades de la fe. Un ambiente en el cual es difícil no incluir la adhesión, aunque sea sólo formal, a grupos practicantes de filosofías orientales, a métodos de curación, a creencias panteístas o sincretistas de tipo Nueva Era o a presuntas formas de previsión, como las vinculadas con mitos milenarios o con escritos tan misteriosos como incomprensibles, distribuidos a lo largo de los siglos por oscuros personajes. Temas alrededor de los cuales se han construido millonarios negocios mediáticos y comerciales: documentales, programas y personajes de televisión y de radio, libros, revistas, publicidad, productos que son de amplio consumo.

En lo concerniente a magos, cartománticos y quirománticos, se debe decir que la mayoría son embusteros. Su único interés es sacar dinero a sus víctimas. Su «demonomía», si se quiere usar esta palabra en el sentido de astucia tendente a engañar y robar a la gente, se restringe a este ámbito. Igualmente grave en sus consecuencias, porque muchas personas explotadas terminan en la pobreza junto a sus familias. También hay que considerar que de alguna manera su acción, al insistir en el malestar espiritual de las personas y facilitar su alejamiento de la verdad, es una promoción de la principal actividad del demonio: alejar de Dios, corromper y empujar hacia la perdición.

Muy distinta es la cuestión de los magos que tienen poderes reales, que les son dados mediante su relación diabólica. No importa si se trata de magia negra o de la llamada magia blanca. Hay que desconfiar en todos los casos, porque todo poder que no viene directamente de Dios es del maligno. Se habla de magos y, naturalmente, de brujas, brujos o hechiceras. Términos en desuso, que en este caso se han de entender en su acepción original de personas que sirven de enlace con el mal; que del mal reciben poderes mediante los cuales hacen adeptos, y a quienes también se les pueden encargar maleficios.

Los hay de muchas clases. De los particularmente hábiles

en su impacto mediático con el cliente, a los especialmente ordinarios y que con sólo mirarlos uno se sorprende de que haya gente dispuesta a darles crédito, hasta los que ni siquiera parecen ofrecerse en el mercado pero que actúan ocultamente con igual eficacia por su cuenta o por la de otros. Dentro de esta vasta casuística de aspectos exteriores, *su actuar es el mismo de los siglos y de los milenios pasados. Sus acciones, sus gestos, los materiales que usan hacen retroceder en el tiempo, hasta los más oscuros momentos de la historia y de las perversidades. Un mundo oscuro compuesto de burdas mezcolanzas, ritos maléficos y de maldición, invocaciones perversas, polvos mágicos, pociones, sapos, ratones, serpientes, gatos negros, alfileres, muñecas de trapo, sangre coagulada, sangre menstrual, clavos oxidados, formas metálicas extrañas, etc.*

Objetos y animales a través de los que cumplen sus ritos maléficos por encargo. Y no se dude respecto a su eficacia. Por medio de ellos el demonio actúa directamente sobre las personas a las que va dirigido el maleficio, y si no llevan una vida construida sobre la fe, sobre la entrega diaria a la Providencia divina, sostenida por la oración, por la comunión de los santos y la devoción a la Virgen, resulta difícil resistirse. Esto mismo vale para el después, es decir, para cuando se han padecido estos males. Porque aparte de los casos particularmente graves, en que se necesitan los exorcismos, de estas cosas se liberan las personas a través de la oración, participando en los sacramentos, invocando la gracia divina, visitando santuarios. Por el contrario, una simple asechanza maléfica, cuando no se percibe como tal, puede resecar lentamente nuestra alma y conducirla inexorablemente por el camino del mal.

Por un plato de berenjenas

Cuando viene alguien y me dice que ha estado con un mago, le pregunto si ha bebido o comido algo que le hayan ofrecido. Siempre hay que sospechar que se trata de cosas maléficas.

Estamos en el mundo de lo aparentemente imposible. Las historias que vamos a contar parecen realmente increíbles, más bien, fruto de la horrorosa fantasía de algún cineasta mental y espiritualmente perturbado. Y se trata de las narraciones menos espantosas. El problema es que han sucedido realmente y como tales deben considerarse, para comprender hasta el fondo el abismo de las perversiones diabólicas. *Al diablo no le interesa el cómo, sino sólo el resultado.* Y cuando el cómo se presenta en toda su inconmensurable crudeza y maldad, no hace sino reflejar la realidad de las cosas.

El mal, más allá de sus gradaciones y de sus primeras apariencias, es siempre burdo y malvado. *Por esto digo constantemente a los padres, a los maestros, a los sacerdotes, que hay que educar para lo bello, desde la primera infancia. Y no lo digo sólo yo: en la vida y en los dichos de muchos santos es una expresión que se encuentra con frecuencia.* No sólo porque lo bello acerca a la contemplación mística de Dios, y en esto la narración evangélica de la transfiguración puede ayudarnos, sino también porque participar de lo divino, en su más íntima esencia, acrecienta en nosotros el instinto de defensa contra todo lo que puede ser causa de daños materiales y espirituales.

En este tipo de situaciones el estar alerta es la primera defensa. Y si se está alerta en el sentido que se acaba de describir, también se participa de la defensa espiritual que nos proporcionan Jesucristo, María Santísima, nuestro Ángel de la Guarda y nuestros santos protectores, quienes siempre están dispuestos a defendernos. En efecto, el mal puede también llegarnos de improviso. *Lamentablemente a veces hacen estas cosas las personas que no nos imaginamos y en formas que no creemos. Después de años de exorcismos, por ejemplo, estamos tratando de liberar a un hombre que tiene males maléficos por haber comido un plato de berenjenas.*

Todo comenzó cuando a los ocho años de edad una pariente suya le dio una comida a base de berenjenas, a través de la que le transmitió un maleficio, debido a la envidia y a la maldad. Después de treinta años siempre le parece que acaba de comerlas. Le vuelve a la boca el sabor con vómitos y fuertes dolores de estómago. Cuando va al baño defeca como si hubiera comido berenjenas, a pesar de que desde entonces nunca las ha vuelto a comer, ni siquiera desea oír hablar de ellas, porque además las consecuencias de aquel maleficio las comenzó a padecer de inmediato.

Hace poco, reproché duramente a una conocida mía por haber ido a casa de una amiga que ella sabía que se dedica a la magia; en casa de esta mujer bebió una taza de café que le ofreció ella gentilmente. Escuchando cómo sucedieron las cosas, de pronto me quedó clara la intención malvada. La hizo sentarse a la mesa en la sala y ella desde la cocina trajo dos tacitas de café ya preparado:

—«Esta es para ti», le dijo.

Cuando ella quiso tomar la otra taza, la mujer le manifestó con delicada firmeza que esa no era la suya. Mi conocida no pudo rechazar a la amiga y se tomó aquel café. Le he explicado que ha corrido un riesgo gravísimo. No debió aceptar en absoluto.

Por lo general esta gente ofrece las cosas más comunes. A menudo se trata de café, chocolatinas sacadas de cajas ya abiertas. A veces tortas ya cortadas en porciones. Todos son alimentos o bebidas donde es posible derramar o agregar sustancias sin que se note.

¿Qué usan? Como hemos dicho, los materiales son los mismos desde tiempos remotos. Si debo añadir a la lista alguna sustancia de la cual he tenido conocimiento directo, me viene a la mente el polvo de huesos humanos, la sangre menstrual pulverizada, la sangre de animales especiales como el sapo. También he tratado de encontrar una explicación sobre el porqué escogen tales elementos. Lo que puedo decir es que si se siguen usando estos rituales antiguos es porque se ha descubierto que, previo acuerdo con el diablo, tienen su eficacia maléfica.

Por otro lado, es lógico pensar que los huesos, en cuanto tales, tienen una intrínseca simbología de muerte, tanto más porque podrían pertenecer a una persona que en vida estuvo ligada a Satanás, o que fue asesinada en un ritual satánico. Observación que explica los motivos de las misteriosas profanaciones de tumbas de las que se tienen noticia de vez en cuando. *El porqué de la sangre menstrual creo que depende del hecho de que se trata de algo ligado a la vida naciente y que posteriormente, por contraposición diabólica, puede dar origen a la muerte.*

Respecto al sapo puede decirse que a menudo he encontrado su uso sin comprender el motivo real del mismo. Lo que puede decirse es que el sapo, de naturaleza del todo inculpable (como también las berenjenas de la narración anterior), quizá por su fealdad, ha dado origen a muchas historias ligadas a la magia. Según mi experiencia, recuerdo dos vicisitudes bastante particulares aunque muy distantes entre sí por sus consecuencias.

Un exorcista retirado y amigo mío me contó que una vez una señora, a la que nunca más volvió a ver, le llevó un sapo en una bolsita anudada fuertemente, con agua dentro. Una cosa ciertamente extraña. Él no le dio importancia, o bien porque a los exorcistas nos llegan personas de toda clase, algunas afectadas por diversas rarezas, o bien porque no había identificado ningún peligro en aquel animal. Distraído por otras ocupaciones, ni siquiera pensó en devolverle la libertad al sapo. Después de un corto diálogo, despidió a la señora y colgó la bolsita en una silla pensando que más tarde se ocuparía de ella. Después de algunas horas, acordándose de la bolsita, fue a cogerla. Estaba colgada en el mismo sitio, con toda el agua, pero el sapo había desaparecido. En esa casa no había entrado nadie. El suelo estaba seco y, a pesar de que todas las puertas y ventanas estaban cerradas, el sapo no apareció por ninguna parte. Lo cierto es que los eventuales intentos malignos de quien lo llevó a casa de este amigo no surtieron ningún efecto.

Sapos, serpientes y clavos oxidados

Muy distinto es lo que le sucedió al padre Cándido en los años 70. Un chico había sufrido un maleficio de una mujer ligada al diablo, una bruja que hacía maleficios cobrando y a quien todos en aquella zona conocían bien. Este chico, un campesino que siempre había tenido buena salud, comenzó a deteriorarse físicamente. Cada día estaba más flaco. Los médicos no lograban resolver el problema. Los análisis no daban resultados significativos. Las medicinas no servían. Conociendo el nombre de la bruja, el padre Cándido había ido varias veces a verla para obtener información. Afortunadamente le gustaba el dinero y, bien remunerada, contó cómo había hecho el maleficio. Había cogido un sapo y lo había encerrado en un hueco, donde tenía un mínimo de movilidad pero no podía comer. Luego había ligado la suerte del sapo a la de aquel joven campesino. A medida que el sapo iba agotándose, se iba agotando el chico. Cuando por fin la mujer indicó el lugar donde se encontraba el animal, inmediatamente fueron a buscarlo; al encontrarlo lo liberaron. Estaba a punto de morir, pero en cuanto recibió el aire fresco, y con la posibilidad de alimentarse, se repuso. También el joven comenzó a estar mejor y volvió a vivir. Por más extraño que parezca, quedó claro que si aquel sapo hubiera muerto, el joven campesino no hubiera tenido mejor suerte.

Otra cosa es cuando las personas afectadas por maleficios encuentran en los colchones y en los cojines las cosas más extrañas. *Entonces hay que bendecirlos, quemarlos en campo abierto orando mucho. Es importante que se quemen lejos de la vivienda de la persona a la cual se dirigía el maleficio. Una vez para quemar un colchón de estos, de lana, necesité más de diez litros de gasolina. No quería quemarse.*

Sucesos de este tipo son bastante comunes entre las personas que vienen para los exorcismos. Cuando antes de someterse al ritual me cuentan, junto con quien las acompaña, lo que les ha sucedido desde el último encuentro, pido siempre que no omitan ningún detalle. Cada cosa puede ser útil al exorcista para comprender la naturaleza del mal, si hay empeoramientos o si se va hacia la liberación. Entonces sucede que estas personas llevan consigo objetos de uso común en los que han percibido algo extraño, objetos que les han dado personas desconocidas o conocidas casualmente y a las que nunca han visto. También sucede que llevan cojines, colchas o colchones en los que han aparecido, de repente, manchas raras o cuerpos extraños en su interior y que pueden palparse.

Y pensar que yo no quería creer lo que me contó una familia de amigos, con relación a un grueso clavo oxidado que una pariente, ya anciana, había encontrado algunos decenios antes dentro de su colchón de lana, que ella acostumbraba a cardar y a rehacer. En el exterior no presentaba ningún orificio o signo de manipulación. Tal fenómeno se explicaba por la acción de una hechicera muy perversa y que vivía en una casa de campo vecina. También la propietaria del colchón, aunque no vivía en condiciones económicas estables y la lana siempre fue considerada un bien reutilizable, decidió quemar el colchón y hacer algunas oraciones.

Cuando me contaron esta historia, por una parte le di poca importancia y por otra me pareció un montón de supersticiones ligadas a ciertos ambientes rurales y a ciertas situaciones culturales. Sin embargo, he visto en primera persona fenómenos análogos y no he vuelto a tener dudas.

No se trata de cosas introducidas manualmente dentro de los colchones, sino por vía maléfica. Es frecuente el caso de clavos oxidados. A menudo son pedazos de hierro retorcido. A veces tienen formas de animales. Muchas veces se encuentran grandes grumos de sangre en forma de pelota. Trozos u objetos de plástico. Una vez también encontré una serpiente en el colchón de una persona a quien estaba exorcizando desde hacía algún tiempo, y que tenía perturbaciones nocturnas. Nadie de nosotros objetivamente podía explicar cómo había terminado allí dentro este animal y cómo había podido sobrevivir.

Si alguien duerme en uno de estos colchones o cojines se da cuenta de forma rápida de que algo ha cambiado. Comienza a quejarse de diversas molestias físicas, dolores de cabeza, de estómago, enfermedades, insomnios, pesadillas nocturnas. Si se lo cuenta a un sacerdote experto o a un exorcista, es fácil que de inmediato sospechen. Entonces hacen preguntas para darse cuenta. A menudo basta sencillamente averiguar si esos mismos síntomas se presentan también cuando por algún período de tiempo se duerme en otros lugares. A veces se aconseja hacer retiros espirituales de una semana. Si en estos casos los síntomas desaparecen, entonces es probable que el problema esté ligado al lugar en el cual se vive habitualmente. Puede ser la casa, un vecino, o también únicamente el colchón o el cojín.

¿El demonio? Díganme dónde no está

Por tanto, hay que tener mucho cuidado con los magos y con todos los que manejan lógicas ligadas a las magias y a cualquier forma de predicción o vaticinio. Así mismo, una persona que esté alerta debe poner atención a otras formas de acercamiento culpable al demonio. Siempre que no se trate de opciones precisas y conscientes a favor de él.

Sobre la actividad extraordinaria del demonio en la vida del ser humano volveremos luego. Ahora es importante destacar que todos nosotros estamos expuestos desde el nacimiento hasta la muerte, a diario, aun en lo más simple, a la actividad ordinaria del demonio.

Una vez un hombre en una ciudad del norte de Italia a la que fui para una conferencia, me criticó diciendo:

—«Padre Amorth, usted ve el demonio por todas partes».

—«Dígame, dónde no está», le respondí, sin perder la calma.

Los episodios evangélicos en que se atestigua la presencia diaria del diablo son muchísimos. Basta tomar el primer capítulo de Marcos para darse cuenta de ello, considerando también que se trata del Evangelio más antiguo, por tanto más relacionado con los hechos que se narran. Muchos estudiosos piensan que fue escrito originalmente en arameo, consideración que se hace más creíble si se tiene presente que la traducción griega se adapta perfectamente a aquella lengua.

Pues bien, en el primer capítulo de Marcos aparece claramente la cotidianidad de la relación entre el hombre y el demonio. Des-

pués de las tentaciones en el desierto Jesús libera a un endemoniado. Luego libera a otros endemoniados y envía a los apóstoles a liberar de los demonios. En el evangelio de Juan (particularmente amado y estudiado por tantos teólogos de hoy), no se narra ningún exorcismo, pero se habla continuamente del demonio, de su acción y de su poder. Es llamado «el príncipe de este mundo», que por la acción misma de Jesús «será arrojado fuera» (12,31). En el capítulo 8, versículo 44, se dice que el diablo «ha sido homicida desde el principio y no ha perseverado en la verdad porque no hay verdad en él. Cuando dice lo falso habla de lo suyo, porque es mentiroso y padre de la mentira». En el capítulo 7, versículo 7, Jesús agrega: «El mundo me odia porque de él atestiguo que sus obras son malas». Un concepto, del mundo, que en Juan se repite a menudo en el sentido de lo que se contrapone a Jesús, que ataca su obra, que quiere su muerte. Con esta lógica, Juan en la primera Carta dice que «todo el mundo yace bajo el poder del maligno» y que «Jesús ha venido para derrotar las obras de Satanás». Afirmación de la que se puede deducir que quien no cree en la existencia de Satanás puede fácilmente no creer en la existencia de Jesús, quien vino para instaurar el reino de Dios en lugar del reino del diablo. A este propósito hay que recordar que san Pablo, con la misma lógica de contraposición, llega a definir al demonio como el «dios de este mundo».

El diablo está tan arraigado en el mundo que los textos sagrados llegan a identificarlo con el mundo mismo. Leyendo el evangelio de Juan se comprende cómo la acción de Jesús está en contraposición con el mundo. Un mundo que siempre y de todos modos, lo mismo que ha tratado de corromperlo a él, también quiere, más aún, corromper a sus discípulos. Todos los hombres están sometidos a la acción constante del maligno.

Con frecuencia se me pregunta si también la Santísima Virgen ha sido tentada. Es cierto, respondo, fue tentada durante toda su vida, sólo que ella siempre venció las tentaciones de Satanás. En los exorcismos a menudo los demonios denuncian abiertamente este sentimiento de derrota que ellos tienen frente a la Santísima Virgen. Viven rabiosos con ella y la temen porque los ha vencido y los vence siempre.

En una aparición en Medjugorje, María misma es quien subraya que el diablo está en todas partes, y mucho más allí donde ella manifiesta su presencia: «Cuando voy a un lugar (es decir, cuando tiene lugar una aparición), siempre está conmigo Jesús, pero también acude de inmediato el demonio». En los santuarios, en los lugares de las apariciones, en los lugares que se han vuelto famosos por la presencia y la acción de los santos, el demonio está muy presente y siempre trata de trabajar en el corazón y en la mente de las personas. Yo, por ejemplo, lo veo muy activo cuando celebramos actos especiales de sanación o de liberación. Su intención es hacerlas ineficaces. Toda curación y liberación es para él una derrota. Nosotros los exorcistas muchas veces debemos estar atentos a los que participan, porque hay personas que vienen sólo con el fin de destruir y se acercan a la comunión con el objeto de profanarla. Por esto somos rigurosos en las invitaciones. El engaño se encuentra en cada rincón. Si uno entra al estudio de un mago o cartomántico, por ejemplo, a menudo lo encontramos decorado con imágenes sagradas de toda clase, pero sólo para pescar a los incautos. Es el engaño de Satanás.

Ciertamente, no son sólo los magos quienes pretenden engañar a los incautos. Toda la sociedad está entretejida de engaños entre los que hay que saber moverse con atención. Como dice el Evangelio, al candor de la paloma debemos unir la astucia de la serpiente. En efecto, a cada engaño corresponden dramas humanos, los cuales se encuentran por todos los rincones de la calle. «Porque la actual invasión y penetración de la presencia del maligno quizá no tiene antecedentes en la historia». Pero en realidad no hay que desesperarse, porque las victorias del mal sobre la humanidad siempre son temporales, precarias y reversibles. Por otro lado, la historia pertenece a Dios y basta reconocer en ella su gran designio para triunfar sobre el demonio.

Al mismo tiempo hay que ser realistas, no esconderse detrás de falsas utopías. El demonio está activo más que nunca y son evidentes las grandes causas de su difundida presencia en la sociedad actual. En primer lugar está la descristianización progresiva, que ya ha llegado al último estadio, de naciones enteras, en especial las que históricamente han regido la suerte del cristianismo, como Francia, España, Austria e Italia. Un proceso de crisis religiosa y de infiltración del mal que poco a poco ha ido pasando de las costumbres personales a las tradiciones, leyes e ideologías. Eliminado el decálogo, quedan justificadas todas las aberraciones. Se han corrompido las conciencias lo mismo que se han contaminado los mares y la atmósfera.

Junto a este problema está la desmotivación, la degradación, la poca fuerza de atracción del clero y de la vida religiosa en general. Cada vez hay menos sacerdotes. Un gran número de ellos no se dedica totalmente a la actividad pastoral, e igualmente dedica siempre menos tiempo al sacramento de la penitencia. Entre ellos siempre es más frecuente cierto relativismo ético influenciado por los modelos culturales que propone el mundo. La vida espiritual de ellos está lejos de ser digna de imitación. Creen siempre menos en el diablo y en sus actuaciones, y a menudo, aunque no niegan su presencia, actúan como si él no existiera. En una palabra, están cada vez más lejos de las necesidades de los hombres, cada vez sirven menos de ejemplo y de ayuda. Y los escándalos que con frecuencia se abaten sobre grandes comunidades eclesiales, a veces incluso dentro del Vaticano, deben considerarse precisamente como fruto perverso de estas actitudes. El diablo está muy interesado en manifestarse en la Iglesia, aun en los niveles más altos, y la historia nos lo demuestra. Si logra insinuarse en una grieta hace todo lo posible por transformarla en una vorágine. Y en estos últimos decenios hemos tenido Papas muy atentos a indicar a los religiosos y a los sacerdotes la radicalidad de la lucha contra el maligno. Juan Pablo II habló a menudo del demonio y de su obra. Hizo exorcismos. En sus muchos viajes entró al confesionario para recordar a los sacerdotes y a los fieles la importancia fundamental del sacramento de la reconciliación. La enseñanza de Benedicto XVI acerca del maligno ha sido siempre clara, constantemente invita a una lucha cerrada y ha alentado explícitamente a los exorcistas en su difícil ministerio al servicio de la Iglesia.

Sobre Benedicto XVI y la difícil batalla contra el mal que se está afrontando, se expresó el 8 de enero de 2008, en una entrevista en el diario online *Petrus*, el exorcista monseñor

Andrea Gemma, arzobispo emérito de Isernia-Venafro. Contaba un exorcismo hecho horas después de la elección del cardenal Joseph Ratzinger para el solio pontificio. El diablo, hablando por boca de la mujer que estaba exorcizando, dijo: «Es una tragedia, Benedicto XVI es todavía más fuerte, es peor que Juan Pablo II». Inmediatamente después monseñor Gemma añadió que aquellas palabras no lo sorprendieron porque «el cardenal Ratzinger siempre ha combatido al demonio y ha puesto en guardia a la humanidad sobre sus peligros».

Otra cuestión fundamental es el perverso uso de los medios, capaz de dictar las costumbres y de plasmar los comportamientos morales. Una cosa del todo inédita en la historia. Y la entrega casi total de los medios a los principios del mal es una lógica consecuencia de las dos causas anteriores. La Santísima Virgen lo había predicho en Fátima, que vendrían modas escandalosas. Desde entonces ha sido un fenómeno creciente, capaz de devastar pueblos enteros en el breve lapso de una generación.

Basta ver la televisión, ir al cine, navegar en Internet y observar luego los comportamientos de los jóvenes; su lenguaje, su modo de vestir, sus costumbres cada vez más violentas y descaradas respecto al sexo y a la vida para darse cuenta de ello. La moda es desde este punto de vista un medio fundamental de nuevas actitudes morales. El hecho de que tantos estilistas tengan comportamientos sexuales que se ajustan a las lógicas invasivas de todo tipo de vicios se ha reflejado por completo en la forma de vestirse y en la manera de cuidarse el cuerpo las nuevas generaciones, con una distinción cada vez más débil entre lo masculino y lo femenino. Por no hablar de cierto modo de vestir agresivo y violento y de una todavía más hipócrita difusión de prendas y camisetas que presentan al diablo, con todos sus nombres y en todas sus acepciones, como un bien de consumo normal.

Análogo razonamiento puede hacerse sobre la corrupción sistemática que los medios de comunicación llevan a cabo respecto a las familias, las relaciones entre hombres y mujeres, las relaciones entre padres e hijos, e incluso entre abuelos y nietos. La familia, y todo lo que en Occidente ha servido siempre para mantenerla unida, ha sufrido un ataque violento por parte de la literatura, de la televisión, del cine, de la publicidad, de los periódicos, de los dibujos animados y de Internet.

Hasta en las revistas especializadas en vivienda se ha tenido el cuidado de eliminar de las familias a Jesucristo y a la Santísima Virgen. Basta hacer una experiencia sencillísima: tome cualquier periódico, sin importar el editor, y mire las decoraciones en las alcobas y en las salas de estar, a ver si en las fotografías de las bellas casas modelo aparece una sola imagen sagrada. Cualquier dibujo, cualquier objeto, aun el más extraño, es bueno para adornar una alcoba, pero nunca un Cristo, una Virgen. Sin embargo, no faltan velas encendidas y símbolos de la Nueva Era, por no hablar de dibujos y gráficos vagamente esotéricos o masónicos.

Todo esto para recalcar que además de las más difundidas prácticas espiritistas, ocultistas y satánicas, hay una vasta casuística de eventos, usos y costumbres que no podemos definir automáticamente como culpables o no culpables, según las definiciones dadas antes, pero que de alguna forma pueden abrir las puertas a la intervención del maligno en nuestra vida. En casi todos los casos se trata de cuestiones ligadas al estilo de vida corriente, a costumbres típicas de la sociedad, a ciertas formas de diversión que a menudo, aunque no en esencia, asumen la semejanza de verdaderos aquelarres y ritos de iniciación. *Son temas que se deben enfrentar con mucha lucidez. En efecto, estas situaciones no necesariamente están ligadas al maligno. La mayoría de las veces no tienen que ver nada, son copias o simples imitaciones. Pero siempre es bueno andar con prudencia y a ser posible evitarlas y aconsejar a nuestros hijos, a nuestros jóvenes amigos, debido a que, sobre todo, las nuevas generaciones son las menos preparadas para enfrentar al mal, las que corren los mayores riesgos, por no saber distinguir lo que es diversión real de lo que es perversión. Y siempre, más a menudo, se propone como diversión lo que no es sino perversión.*

Las brujas de Halloween

La fiesta de Todos los Santos estaba próxima. El hijo de un amigo, que está en primer curso de la ESO, al llegar del instituto entrega a su madre la invitación a una fiesta para la tarde y la noche del 31 de octubre. La madre, que por convicciones religiosas de todos modos negaría al hijo la participación en cualquier fiesta de Halloween, cuando lee la tarjeta se queda pasmada. Está hecha en una hoja de formato A4, bajada de Internet de modo que, pegada por la mitad y doblada en dos, forma una tarjeta de cuatro caras. En la primera aparecen dos clásicas calabazas con ojos, nariz y boca, y dos gatos negros con esta leyenda:

«Estás invitado a la más espectral y lúgubre fiesta de Halloween».

En la cuarta cara hay una horrible imagen de la Gioconda de Leonardo, con vestido negro y en fondo negro, sin dientes, con el rostro, el escote y las manos semiesqueléticas. Lo feo por lo feo. Una especie de presentación de lo espectral y lúgubre anunciado en la portada, y además con la sutileza de una imagen vinculada al mito de Leonardo el ocultista, tan mencionado en recientes best-seller, para algunos casi blasfemos, ciertamente animados de espíritu anticristiano.

Y lo sorprendente llega cuando la mujer lee las dos caras internas y se encuentra ante una verdadera invitación a un aquelarre.

En una parte está escrito:

«Te esperamos para pasar una velada llena de diversión... confírmanos tu asistencia para advertir de tu venida al más allá...».

Sigue la fecha, la hora y la dirección del lugar de la fiesta. Luego, en la tercera cara, en rojo, con un malogrado intento de construcción poética y expresiones en apariencia jocosas, la invitación prosigue en forma casi delirante:

«Han llegado volando desde el cielo un sinnúmero de brujas muy viejas, con la nariz un tanto curva, con barba y largos cabellos. Han venido para reunirse a festejar su noche. Debes estar alerta, ¡no duermas, no te pierdas lo más bello! Si entre un rito y una magia te ofrecen una bebida, acepta pronto y después seguramente lograrás ponerte en acción. ¡Ánimo, sal un poco con ellas y vuela en la escoba! Da una vuelta arriba en los cielos en la noche oscura y siniestra...».

Es fácil pensar que aquellos padres (mientras tanto, la mujer la había mostrado también a su marido), después de haber leído la invitación, se convencieron aún más en su oposición a la fiesta de Halloween. Con aquella esquela escrita por un muchachito de trece años, por tanto capaz ya de comprender cómo funcionan estas cosas, descargando de Internet frases e imágenes de aquí y de allí, se teoriza un rito satánico. Quizá, de hecho, no haya tenido lugar pero basta sólo pensarlo para que una persona informada sienta escalofríos.

Su hijo es invitado a anunciarse porque alguien en el más allá había de prepararle la mejor acogida. Y un padre y una madre con un poco de sentido común (en este caso esta es la palabra justa) ciertamente no pueden permitir que su propio hijo vaya a un lugar donde lo esperan para el más allá. Y no se diga que se trata sólo de un juego, porque hay mil maneras de divertirse menos «mortíferas», porque se ha oído de muchos de estos juegos que han terminado mal, como lamentablemente hemos confirmado en alguno de estos tristes eventos.

Además su hijo está invitado a tomar una bebida. Ahora bien, dejando de lado el adagio según el cual no se aceptan caramelos de personas desconocidas, dado que a los trece años ya no se es tan niño, hay que preguntarse cómo puede un padre permitir que su propio hijo libremente vaya a una fiesta donde se ha anunciado como una experiencia extraordinaria el tomar extrañas «sustancias». El haber puesto entre comillas sustancias no es casual. En efecto, bien sabemos cuán fácil es que en las discotecas y en muchos locales los estupefacientes se mezclen con las bebidas y a menudo se las da a beber con engaño.

Sin tener presente lo anterior, justamente gracias a esas «sustancias» tomadas «se ponen en acción», como decía la invitación, y se convierten en protagonistas de situaciones de alto riesgo. Sin mencionar los casos en que esas mismas «sustancias» se ponen en manos de las «brujas» o de los «brujos». La invitación a «volar», que, viéndolo bien, es enteramente equivalente a los conceptos de «viaje» y de «trance», se usan ni más ni menos para el consumo de estupefacientes y de alucinógenos de varias clases.

Todo esto sin pretender entrar en el mundo todavía más siniestro de las verdaderas brujas y de sus pociones mágicas, de las que ya hemos hablado, porque entonces se abren de verdad las puertas del infierno, como ha sucedido en estos dos episodios narrados la víspera de Todos los Santos en el diario *Avvenire* por don Aldo Buonaiuto, responsable del servicio antisectas ocultas de la Asociación Papa Juan XXIII, pero también auxiliar de la Policía judicial italiana y consultor técnico de la magistratura. Episodios que el mismo periodista, Pino Ciociola, pudo comprobar hablando con los directos interesados. Los hechos ocurren en dos ciudades del norte de Italia.

«En los últimos tiempos me he encontrado vagando por la calle sin recordar ya quién era yo, de dónde venía y qué estaba haciendo allí. Sufrí muchos males, sexo, droga y violencias, pero no quisiera volver a contarlas». Quien habla es Leonardo, un chico descrito como «joven, muy joven». Su historia es de quien fue «desgarrado en el cuerpo y en el alma» por las maldades satánicas.

Todo comenzó cuando «fuera de la escuela vi una cartelera de invitación a una fiesta de Halloween y un curso gratuito para llegar a ser cazadores de brujas...». A las once de la noche de aquel 31 de octubre, Leonardo llega al local indicado junto con sus amigos. Todos van enmascarados como se exige. «La música –dice– era realmente bella... De la buhardilla colgaban maniquíes ahorcados, murciélagos ensangrentados. Los sofás tenían esqueletos pintados. En las paredes se veían cuadros con imágenes de asesinos en serie y de Charles Manson... Había la posibilidad de transgredir de diversos modos, bien fuera por las sustancias que circulaban, o por el clima de excitación, también sexual...». En resumen, una noche que el chico define como «divertida, emocionante». Después, el encargado del local se acerca y le pregunta a él y a otros si desean hacer el curso anunciado en la cartelera.

Naturalmente ninguno de los chicos toma en serio la frase «cazadores de brujas». En todo caso, algunos días después Leonardo llama por teléfono: «Me dieron una dirección cerca de mi casa y fui». El número de la calle y el del edificio corresponden a un apartamento. Los recibe una mujer que anota el nombre, el teléfono y la dirección. Gente prudente: primero se informa acerca del tipo de relación que tienen estos chicos con sus familiares; luego escoge a los jóvenes más crédulos, los más inocentes. Algunos días después es contactado Leonardo. En el apartamento encuentra a otros cinco jóvenes de su edad. En total son tres chicos y tres chicas. Una mujer les da una lección sobre los símbolos de la noche de Halloween que concentraría «todas las energías cósmicas del universo con un gran potencial positivo y esotérico». Discursos que los seis jóvenes encuentran fascinantes; la mujer es tan convincente que logra hacer revivir el mismo clima que habían vivido en aquel local nocturno. Los convence de que son «unos privilegiados», de que «pertenecen al dios Semain», que lo que están haciendo es una «escuela energética» y que ante ellos «se abre una nueva vida» en la que se podrán realizar «todos sus sueños y todos sus placeres». La mujer, por fin, afirma en voz alta: «Nada ni nadie os podrá impedir disfrutar de vuestros placeres».

Desde aquel día Leonardo frecuenta el grupo una vez por semana con la obligación de mantener el secreto para no arriesgarse a perder todos los poderes. «Al comienzo me agradaba...». Después «me forzaron a odiar a todo el mundo: padres, parientes, maestros. Me escapé de casa cuatro veces. Me metieron en la cabeza que sólo la escuela energética podía comprenderme y resolverme los problemas... He sufrido mucho mal...». Fueron sus padres quienes lo sacaron fuera, ya que en cierto momento se dieron cuenta de la evidente situación de malestar de su hijo, y lograron llevarlo a un hospital. «Allí comenzó la reconstrucción de mi vida y de mi *psique...*». Sus últimas palabras en la entrevista son un acto de acusación, un fuerte énfasis sobre la emergencia educativa que atenaza a nuestra sociedad: «espero que todos comprendan que se necesita mayor vigilancia por parte de los padres y maestros para que no suceda lo que me ha sucedido a mí».

Un deber de vigilancia, de presencia, de enseñanza fuertemente recomendado en los textos bíblicos. Al comienzo del capítulo 4 del Deuteronomio, Moisés explica que siguiendo la ley se convierten en un ejemplo, porque no hay dioses tan cercanos a su pueblo «como está el Señor nuestro Dios siempre que lo invocamos» y no hay leyes ni normas tan justas como las de nuestro Señor, «pero ten cuidado y guárdate bien de olvidar estas cosas que tus ojos han visto, y no permitas que se aparten de tu corazón todos los días de tu vida: las enseñarás a tus hijos y a los hijos de tus hijos».

La segunda historia se refiere a una joven pareja. En la época en que ocurrieron los acontecimientos, es decir, tres años antes de la narración, ella tenía 21 años y él 23. Nunca habían ido a una fiesta de Halloween «porque nos parecía algo estúpido, superficial». Los convenció de una manera del todo inesperada «un señor cortés y distinguido», con quien se encuentran casi todas las mañanas en el bar donde toman el aperitivo. Con el transcurrir de los meses y de charlas ocasionales, el hombre se gana la confianza de la pareja. Cuando los invita a una fiesta de Halloween deciden ir. La dirección corresponde a una bella casa de campo. Son bien acogidos pero todo les parece «un poco ridículo». Los invitados, unos cincuenta, están con máscaras de brujas, vampiros, zombis. No hay otra iluminación sino la de algunas velas. Ellos dos son los únicos que están sin máscara y con la cara descubierta. Todavía no lo sabían, pero habían sido escogidos como víctimas de una misa negra.

Se sienten mal, quisieran marcharse, pero estaban allí y tratan de acomodarse al ambiente. Comen y beben. «El señor distinguido del bar» les ofrece algunos vasos. En cierto momento se sienten impactados negativamente por la aparición súbita de un hombre vestido de negro «con un gran manto y un capuchón sobre el rostro. Todos, menos nosotros, se pusieron de rodillas... a cada uno le impuso las manos mientras habían comenzado a hablar una lengua incomprensible...». Ellos, que no conocen el mundo de lo oculto y juzgan como «meras fantasías e invenciones» ciertas cosas, piensan que se encuentran ante «una especie de juego por la fiesta de Halloween». Pero esta vez el deseo de marcharse se vuelve apremiante. Ambos tienen dolor de cabeza y se sienten débiles. Se dirigen a la puerta, pero la encuentran cerrada. Pierden el conocimiento.

Su suerte por la mañana es que todavía están vivos. Primero despertó el chico. Junto a él, la novia está completamente desnuda. En todo su cuerpo hay cortes, rasguños, moratones y diversas señales de abuso. La gran casa está vacía. En el hospital descubren que ella sufrió abusos sexuales y que en la sangre de ambos había ketamina. Días después vuelve el chico a la casa de campo. El propietario es claro: si no queréis tener problemas, no ha sucedido nada, «para vosotros esa noche jamás existió».

En los días siguientes la chica es perseguida con llamadas telefónicas anónimas, está aterrorizada, ya no sale de casa. Naturalmente, el «señor distinguido» ha desaparecido. Se van a otra ciudad. Se casan. Se entrevistan con un periodista, que naturalmente les garantiza el anonimato, explican que han decidido contar su experiencia porque deben «dar a conocer, sobre todo a los jóvenes que piensan en estas fiestas como algo bello y divertido, que precisamente en las fiestas de Halloween se hacen cosas horrendas. A los jóvenes hay que ponerlos en guardia claramente, ir sin miedo contra la corriente... Mi vida –subraya la chica– fue arruinada y de aquella ruina llevo las señales en el alma y en la mente». En cuanto a las «cosas horrendas», sólo para poner un ejemplo más, no hay que olvidar que desde las primeras fases de la investigación del asesinato de una universitaria inglesa en Perusa, Italia, sucedido la noche del primero de noviembre, los investigadores juzgaron como probable una relación con el ambiente y los ritos orgiásticos de Halloween.

La alegría de Todos los Santos

Estas experiencias nos muestran plenamente cómo en torno a esta presunta fiesta para niños que se celebra en la noche de Todos los Santos hay una burda comercialización del mal a través de máscaras, mensajes, publicidad en los medios, especialmente en Internet.

No es casual que después de cierto período de culpable indiferencia, la Iglesia, incluida la jerarquía en los más altos niveles, esté lanzando insistentemente sus gritos de alarma. Gritos que, sin embargo, siguen sin ser escuchados y en algunos ambientes incomprendidos por la gran mayoría de los católicos, ya acostumbrados a la cultura dominante. El cardenal secretario de Estado Tarcisio Bertone, comentando la sentencia de la Corte de Estrasburgo que prohibió la exhibición del crucifijo en las aulas escolares, dice: «Es muy triste que esta Europa del tercer milenio nos deje sólo las brujas de la fiesta de la víspera del primero de noviembre mientras nos quita los símbolos más queridos».

Palabras amargas que se unen a los muchos juicios severos sobre la fiesta de Halloween que año tras año se difunden entre los católicos. Del mismo modo que aumentan las comunidades, los grupos parroquiales y las diócesis que en diversas partes del mundo organizan fiestas y promueven catequesis para valorizar el sentido auténtico de la comunión de los santos y del culto a los difuntos. Por ejemplo la Comunidad Juan XXIII con las diócesis de Massa Carrara y de La

Spezia, en Italia, organizan manifestaciones alternativas a lo que se ha definido como «un gran rito satánico». Iniciativas de este género tienen lugar también en países de gran tradición católica como Francia, España y Chile. Exponentes de la Conferencia Episcopal Española recuerdan que la fiesta de Halloween «tiene un trasfondo de ocultismo y es absolutamente anticristiana», por tanto exhortan a las familias a «orientar la fiesta hacia el bien y lo bello más que hacia el terror, el miedo y la muerte». En esta óptica en muchas ciudades españolas, incluida Madrid, se organizan veladas de oración, manifestaciones recreativas y de profundización.

En París, a su vez, se están experimentando fiestas alternativas con los jóvenes y los niños en el curso de las cuales la diversión no está separada del testimonio de fe y de la afirmación de la esperanza cristiana frente a la muerte. En la misma línea se mueve una iniciativa promovida en Santiago de Chile con niños y jóvenes que festejan vestidos de ángeles, príncipes, princesas y santos. Disfraces ligados a temas positivos para cambiar la muerte y las tinieblas por la luz y la vida, el terror por el gozo, la violencia y el miedo por la esperanza y la paz. La misma lógica está puesta en marcha en Italia con el proyecto «Centinelas del alba», que en numerosas ciudades la noche de Todos los Santos difunde en las calles, en las puertas de las iglesias, pegados a las ventanas, manifiestos e imágenes de santos. La iniciativa se llama «Holyween». La idea es de don Andrea Brugnoli, y la explica sencillamente como la voluntad de «llenar las ciudades no de monstruos, sino de rostros bellos, con la invitación a mostrar que también hoy la santidad es posible en las personas de carne y hueso». La sonrisa, la serenidad, el gozo vienen del bien, al contrario de los tétricos e inquietantes rostros del mal puestos en los locales que para los jóvenes de las historias precedentes se han demostrado como auténticas antecámaras del infierno.

La fiesta de Halloween es un hosanna al diablo, el cual, adorado aunque sea sólo por una noche, piensa que tiene derechos sobre la persona. Y si no nos damos cuenta de esto, no tenemos derecho a sorprendernos frente a niños insomnes, agitados y violentos, jóvenes deprimidos, obsesionados, suicidas potenciales. *De hecho, Halloween es una especie de sesión espiritista, casi siempre presentada bajo la forma de un juego inocente. A través de la diversión se introduce a los niños en los artificios del mal, sin que se den cuenta de que están poniéndose en contacto con cosas tan graves. Es el perpetuarse del engaño del diablo por el que también muchos pecados ya ni siquiera se consideran tales. Todo se camufla bajo la forma de exigencia, libertad o placer personal.* Es el hombre mismo quien decide si una cosa es o no pecado. *De esta forma el hombre se transforma en dios de sí mismo y es exactamente lo que quiere el demonio desde el principio. Basta considerar la tentación en el jardín del Edén: «Dios sabe muy bien que el día en que comáis de él se os abrirán los ojos y seréis como dioses, conocedores del bien y del mal»* (Gén 3,5).

No hay que olvidar, además, que Halloween se sobrepone a una fiesta cristiana de extraordinario valor espiritual. En ella se celebra la comunión de los santos y a través de esta se conmemoran nuestros difuntos y se ora por ellos con la visión y la certeza de la vida eterna. Como enseña el Vaticano II (LG 49), mediante la oración, la unión «con los hermanos muertos en la paz de Cristo no se rompe de ninguna manera..., antes bien, se consolida en la comunión de los bienes espirituales». El flujo espiritual de la oración crea continuidad entre tierra y cielo en una común visión de luz y de esperanza que, como dice san Pablo: «No defrauda» (Rom 5,5). «Porque esta es la voluntad de mi Padre: que todo el que ve al Hijo y cree en Él, tenga vida eterna y yo lo resucitaré en el último día» (Jn 6,40). En la práctica, exactamente lo contrario de lo que se quiere transmitir con Halloween, donde son frecuentes los símbolos satánicos, con la evocación de los llamados muertos vivientes se representa la muerte en su forma más devastadora de otra vida sin felicidad y sin esperanza.

El paraíso conquistado

El diablo trata de llevarnos a su reino con todos los medios que tiene a su disposición y que, naturalmente, siempre son contrarios a la moral cristiana. Hace de todo para que el hombre pierda su propia alma en un continuo relanzamiento de tentaciones e insidias. Pone en práctica astucias de todo género, pero de todos modos su juego es siempre descubierto: frente a la vida propone la muerte; frente a la alegría, la desesperación; frente al bien, el mal; frente al amor, el odio; frente a la pureza, la perversidad, y frente al paraíso, el infierno.

El reino de Dios es el paraíso. El objetivo de la vida de todo hombre es alcanzarlo. El camino que se nos ha señalado es el de Jesús. «Yo soy el pan bajado del cielo. El que come de este pan vivirá para siempre» (Jn 6,47). No importa qué vida se lleve, si pobres o ricos, solos o acompañados, sanos o enfermos. Lo que cuenta es la vida eterna, salvar la propia alma.

No se trata de un recorrido fácil. *El camino del paraíso pasa siempre por el Calvario.* El cristiano, al contrario de quien frecuenta o vive otras religiones, lo sabe con absoluta certeza. En una de sus expresiones más conocidas, Mahatma Ghandi afirmaba que: «El que sigue el camino de la verdad no tropieza». Nosotros podremos decir con certeza que se trata de una absoluta falsedad, tanto más fascinante cuanto engañosa. Si es verdad que el camino de la verdad es el camino recto, es verdad también que es en ascenso y lleno de tropiezos. Esto no quiere decir que no sea un camino lleno de gozo.

El camino propuesto por Jesús es exigente. No es algo para los relativistas o los tolerantes que sostienen que da lo mismo una dirección u otra. «No he venido a traer la paz, sino la espada» (Mt 10,34). Ser cristianos es estar de su parte. «El que no toma su cruz y me sigue, no es digno de mí» (Mt 10,38). Al mismo tiempo el cristiano sabe ser como Jesús, duro contra el mal, pero tierno con quien está en necesidad.

Cada conquista es fruto de un sacrificio proporcional a lo que se debe obtener. En esto también tenemos la promesa de que nadie será defraudado. *De aquí la necesidad de desconfiar de los que llegan con la propuesta de atajos, caminos simples, riquezas y éxitos fáciles. Insidia diabólica que se encuentra en cada rincón del camino. Engaño típico de magos y de hechiceras.*

Un polvo estupefaciente a cambio de un amor, la observancia de un rito a cambio de aquello que yo más quiero; llevar un pendiente, un anillo, un brazalete, evitar encontrarse con un gato negro o pasar por debajo de una escalera para protegerse de sucesos adversos. Aunque se trata de cosas en apariencia inocentes o de ingenuas supersticiones, siempre hay que estar atentos porque en ellas no está Dios. *Y una de las terribles realidades del demonio es que cuando de verdad se tiene algo con él, concede lo que promete. Pero lo que es concedido, por más extraordinario y deslumbrante que sea, jamás produce gozo ni mucho menos conduce a la felicidad. Así como prometió a Jesús tentándolo en el desierto, el diablo puede dar riqueza y poder, pero sobre todo proporciona mucha tristeza. Es más, mi gran experiencia y la de mis colegas exorcistas, me dice que jamás un hombre o una mujer que se han entregado al diablo, por más ricos, poderosos y cargados de placeres que estén, pueden transmitir serenidad. Detrás de ellos dejan siempre una estela de dolor, muerte, malestar y infelicidad. Aun puede decirse que esta es su firma, la firma del diablo.*

Todos en la vida experimentan o han experimentado cruces que llevar. Si al llevarlas las ofrecen al Señor, estas tienen un gran valor y se vuelven un «yugo ligero», dejan una estela de serenidad y de concordia, conducen al paraíso. Cuando se experimenta el valor del sufrimiento, este se vuelve motivo de gozo. *He conocido personas con graves enfermedades, que sin embargo estaban contentas y por nada del mundo habrían cambiado su estado de gozo a cambio de su curación. Pero si la cruz se vive con rabia, se vuelve muy pesada. Se vuelve una ocasión de rebeldía contra Dios, se transforma en un motivo de condenación. Por otro lado, si no se da al sufrimiento una finalidad buena, es absurdo soportarlo, porque estamos hechos para gozar, no para sufrir. San Agustín decía: «Señor, nos has creado para ti y mi alma está inquieta hasta que descanse en ti». Lejos de Jesucristo no es posible salir victoriosos de esta difícil batalla. Las enemistades, la depresión, la infelicidad, las discordias familiares, que cada vez son más frecuentes, producen odios incurables y hasta homicidios y suicidios, por no hablar de la eutanasia y el aborto, los cuales son todos ejemplos concretos de derrotas frente al mal. Y cuando se trata en especial de temas estrechamente ligados a la elección entre vida y muerte, el diablo muestra toda su habilidad.*

Por tanto, la pasión es necesaria para la resurrección. *Y la resurrección ha traído consigo tres frutos fundamentales para el hombre: ha vencido a la muerte, ha vencido a la corrupción de los cuerpos y ha abierto las puertas del paraíso. Puertas que estaban cerradas por los ángeles en el momento de la expulsión de Adán y Eva. A propósito del paraíso san Pablo señala: «El ojo no ha visto, el oído no ha escuchado, la lengua del hombre no puede describir lo que Dios ha preparado para los que lo aman». En conclusión: la muerte ya no es un mal definitivo, nuestro cuerpo resurgirá glorioso como el cuerpo de Cristo y veremos a Dios cara a cara, viviremos con Él en el paraíso.*

Se trata de tres frutos que hay que tener bien presentes cada vez que nos encontremos frente a un sufrimiento, a una cruz difícil de llevar. Ciertamente se puede decir que Jesús, como hombre que era, en el difícil momento que vivió en el huerto de Getsemaní, tuvo la fuerza para aceptar la pasión gracias a la perspectiva del gozo de la resurrección.

La casa del odio profundo

No es Dios quien nos lanza al infierno, somos nosotros quienes vamos allí con nuestros propios pies. La misericordia de Dios es infinita. Siempre está dispuesto a acogernos con los brazos abiertos, hasta el último instante de nuestra vida. A sor Faustina Kowalska, la santa que recibió la visión de la imagen del Cristo de la Misericordia, Jesús le repite decenas de veces que se dé a conocer a los hombres cuán grande es su amor por ellos, su capacidad de perdonar y de acogerlos siempre y en todas partes, basta sólo que lo quieran. El problema, anota Jesús a la misma sor Kowalska en una de sus visiones, es que no lo quieren: «Hija mía, mira mi corazón misericordioso. Las llamas de la Misericordia me queman: deseo derramarlas sobre las almas de los hombres, pero las almas no quieren creer en mi bondad». En otro pasaje, Jesús le recuerda que «cuando un alma exalta mi bondad, entonces Satanás tiembla y huye a lo profundo del infierno». Frente a Jesús el diablo tiene terror, porque queda descubierta toda su inferioridad, toda su debilidad de criatura frente a su Creador, de la cual es perfectamente consciente.

Jesús, explica Kowalska en su diario –escrito siguiendo el hilo de sus diálogos místicos con nuestro Señor–, sufre terriblemente ante el pecado y goza como el padre del hijo pródigo cuando el pecador se confía a él, aunque sea solamente a la hora de la muerte. «Los que proclamen mi gran misericordia, yo mismo los defenderé en la hora de la muerte. Aunque sus pecados fueran negros como la noche, cuando un pecador se vuelve hacia mi misericordia me da la gloria más grande y es un honor de mi pasión».

El siervo de Dios Juan Semeria, que no era un místico sino un gran hombre de fe, de caridad y de oración, explicaba así, a su auditorio a finales del siglo XIX, la esperanza en Dios misericordioso: «Dios es amor, *Deus Charitas est.* Dios ama al hombre y necesita decir esta frase apasionadamente. Nos ama y mendiga nuestro amor. Nos ama y en el momento final de la vida se presenta por última vez. Él, este amante rechazado, se presenta para escuchar una palabra de arrepentimiento, que expíe una vida de rechazos».

Como recita la segunda plegaria eucarística en el texto original completo, es decir, en el canon de Hipólito, Cristo es inmolado «para derrotar el poderío de la muerte, para destrozar los lazos del demonio, pisotear el infierno, llevar la luz a los justos, poner término a su prisión y anunciarles la resurrección».

Hasta el fin Jesús está empeñado en arrebatar al triste destino del infierno incluso a quien lo rechaza, a donde busca arrastrarlo el diablo hasta el último momento. Es así como la misma santa Faustina, en el momento en que se da cuenta de las dificultades enormes que se han de superar para llevar adelante la obra que le ha sido confiada por Jesús, anota: «Ahora he comprendido que Satanás odia más que nunca a la misericordia. Esta es su mayor tormento». Luego, con renovada esperanza añade: «Pero la palabra del Señor se realizará. La palabra de Dios es viva y las dificultades no aniquilan las obras de Dios, sino que demuestran que son de Dios».

Conceptos que han sido repetidos centenares de veces en las apariciones de Medjugorje, donde la Virgen pide con frecuencia «orar por los que están bajo el poder de Satanás», porque «Satanás es fuerte y siempre está al acecho y desea destruir no sólo la vida humana, sino también la naturaleza y el planeta en que vive». Siempre en sus apariciones, la Virgen ha invitado a poner la confianza en la oración y en la entrega humilde a la misericordia divina. Son interesantes en este sentido las apariciones de 1830 en la iglesia de Rue Du Bac en París, en las cuales María no sólo entrega a la vidente la imagen de la llamada «Medalla milagrosa», sino que también invita con decisión a ir «a los pies de este altar. Aquí las gracias serán derramadas sobre todos, sobre todas las personas que las pidan con fervor, sobre los pequeños y sobre los grandes... Yo estaré con vosotros».

Por tanto, Dios nos quiere a todos en el paraíso, nos proporciona los medios para llegar a Él, incluso se ofrece a sí mismo, nos ofrece a su Madre. Entonces, ¿por qué hay infierno?, ¿quién lo ha creado?

Ciertamente no ha sido Dios. Son los mismos demonios los que lo manifiestan orgullosos en los exorcismos. Esto lo escuchó el padre Cándido una vez de un demonio que no quería irse de una persona.

—«Vete de este cuerpo –le decía–, vete al infierno. Dios te ha preparado un bello y cálido hogar».

La respuesta del demonio fue desconcertante:

—«Tú no entiendes nada, no sabes nada. No fue Él quien creó el infierno. Él ni siquiera lo había pensado. Lo hemos creado nosotros, los demonios».

El diablo creó de la nada el infierno. Incluso el infierno podría no ser un lugar. Algún teólogo ha hablado de un no lugar, partiendo del concepto de que el infierno es negación de Dios. De hecho, es prácticamente imposible poder definirlo. Muchos santos han tenido visiones del infierno, pero siempre distintas entre ellas y siempre según sus capacidades intelectuales y cognoscitivas.

El *Catecismo de la Iglesia católica* recuerda en el n. 212 del compendio que el infierno: «Consiste en la condenación eterna de todos los que, por libre opción, mueren en pecado mortal. La pena principal del infierno está en la separación eterna de Dios, el único en el cual el hombre tiene la vida y la felicidad, para las cuales ha sido creado y a las cuales aspira». Por tanto se hace referencia a las palabras precisas de Jesús que trae Mateo 25,41: «Alejaos de mí, malditos, al fuego eterno». Inmediatamente después, en el número 213, el *Catecismo* explica, con el versículo 9 de la segunda Carta de Pedro: «Dios quiere que todos tengan oportunidad de arrepentirse». Sin embargo, habiendo creado plenamente libre y responsable al hombre, respeta su voluntad. «Por consiguiente, es el hombre mismo quien, con plena autonomía, se excluye voluntariamente de la comunión con Dios si, hasta el momento de su propia muerte, persiste en el pecado mortal, rechazando el amor misericordioso de Dios».

Lo que sabemos con certeza es que el infierno está poblado por los que rechazan y niegan de todas maneras el amor de Dios y su omnipotencia. Una de las preguntas a la Santísima Virgen hecha por una de las videntes de Medjugorje, Mirjana, se refería precisamente a la posibilidad de que un condenado pudiera cambiar de idea.

—Pero si un condenado se arrepintiera, ¿podría Jesús llevarlo del infierno al paraíso?

La Santísima Virgen respondió como desconsolada:

—Él podría, pero son ellos los que no quieren.

No quieren porque su elección es voluntaria y definitiva. Palabras que recuerdan la parábola evangélica del rico «que se vestía de púrpura y de lino finísimo y todos los días celebraba espléndidos banquetes», quien una vez muerto y en el infierno, quería que Lázaro, también difunto pero «en el seno de Abrahán», fuera a donde sus hermanos para advertirles que si no llevaban una vida correcta estarían destinados a padecer eternamente. No dice que está arrepentido por la forma como vivió, no pregunta cuál puede ser el camino para salir de la situación en que se encuentra, quería que Lázaro bajara a llevarle un poco de agua o, por lo menos, que fuera a advertir a los de su casa para que no tuvieran el mismo final. También aquí la respuesta es de las que dejan la señal:

«Tienen la ley y los profetas. Si no escuchan a Moisés y a los profetas tampoco se convencerán aunque un muerto resucitara».

Un concepto que Dante expresa por boca de Beatriz, con dos famosos tercetos en el quinto canto del Paraíso:

«Cristianos, sed más graves en vuestros movimientos:
no seáis como pluma que se mueve a cualquier viento,
y no creáis que cualquier agua os lava.
Tienen el Nuevo y el Antiguo Testamento,

y el pastor de la Iglesia que los guía;
básteles esto para su salvación».

El problema es que el que quiere condenarse y busca obstinadamente este objetivo, se hace en todo semejante a Satanás. Siempre más perverso pero también más soberbio y convencido de que su opción es la más justa, aquella capaz de realizar su libertad y su sentimiento de omnipotencia. Y la máxima perversidad va acompañada de un gran engaño. El que vive en el pecado es en sí mismo tan perverso que, al igual que el diablo, se engaña a sí mismo. Pero no debemos pensar que el pecado grave es cosa de pocos y que es cosa de un instante. En una sociedad como la nuestra, a menudo se vive de modo que la persona se acostumbra al pecado.

Lo que es pecado ya no es identificado como tal. Así se suma pecado a pecado. Mil ocasiones ofrecen excusas plausibles a nuestras faltas. La persona se vuelve cada vez más disoluta sin siquiera darse cuenta. «El pecado grave –escribe Semeria, en un pasaje de un famoso cuaresmal, que permaneció grabado en la memoria del entonces monseñor Jaime Della Chiesa, después Benedicto XV– no es y no puede ser un fenómeno imprevisto. La persona no se vuelve mala en un día. Como lentamente, paso a paso, se sube por la cuesta de la virtud, así, lentamente, paso a paso, se desciende por la pendiente del vicio». Por tanto, advirtiendo a las personas que llenaban la Basílica romana de San Lorenzo en Damas, entre las que había algunos otros prelados, la reina Margarita con su séquito, magistrados y famosos profesores de inspiración masónica de la vecina universidad La Sapienza, invitaba al ejercicio siempre más desacostumbrado del examen de conciencia: «Hermanos míos, que por un justo temor del infierno, buscáis persuadiros de que él no existe, sed francos y decidme: ¿cuántas veces y de cuántas maneras Dios os ha llamado y vosotros habéis rechazado sus invitaciones?».

Muchos santos, como por ejemplo Teresa de Ávila, han tenido terribles visiones del infierno poblado por multitudes de almas, mientras otras seguían cayendo en grupos. La descripción de santa Verónica de Giuliani es muy detallada. Lucifer, en el centro, con su mirada controla todo. Inmediatamente bajo él, Judas. Después, el clero, subdividido por categorías, en riguroso orden de importancia. En último lugar la inmensa turba de condenados. Y naturalmente, como en el paraíso, no todos son iguales. Sobre este último concepto ha jugado mucho Dante con su hipótesis sobre la pena a contrapaso, es decir, de la estrecha relación entre el tipo de pecado cometido en vida y la pena sufrida en el infierno. El gran interés de la visión de Verónica Giuliani se debe también al milagroso descubrimiento de sus escritos en veintidós mil folios por parte de un peregrino francés de 80 años, mucho tiempo después de su muerte. Antes de aquel descubrimiento nadie habría pensado que aquella mujer hubiera sido una santa. Había vivido, había tenido sus visiones místicas y las había escrito ocultamente.

Ocultismo, espiritismo, magia

«Cuando hayas entrado en la tierra que Yavé, tu Dios, te da, no aprenderás a cometer abominaciones como las de esas naciones. No ha de haber dentro de ti nadie que haga pasar a su hijo o a su hija por el fuego, que practique la adivinación, la astrología, la hechicería o la magia, ningún encantador, ni quien consulte espectros o adivinos, ni evocador de muertos. Porque todo el que hace estas cosas es abominación para Yavé, tu Dios» (Dt 18,9-12). *En toda su historia Israel siempre es puesto frente a la alternativa: o son fieles al único verdadero Dios o caen en la idolatría. Una situación totalmente análoga a todo lo que siempre ha sucedido en la historia del cristianismo y a cuanto sucede hoy: se abandona a Dios y se entrega a los ídolos, en las formas propias de los tiempos que se están viviendo, aunque los ídolos son siempre los mismos.*

Se dice que en Italia hay doce millones de personas que han tenido algún contacto con magos y cartománticos o que los frecuentan asiduamente. Una cifra muy elevada que va a la par con la cada vez menor afluencia a la misa dominical, a los sacramentos y a las celebraciones de las grandes fiestas. Aún más elevada sería si se le añadiera la cantidad de personas que leen asiduamente el horóscopo.

Cuando se habla de signos zodiacales se dice con frecuencia que se trata de un simple pasatiempo. Pero hay muchas personas que creen realmente en las tendencias dictadas por las estrellas. La pregunta «¿de qué signo eres?» es muy frecuente entre personas que se encuentran, y a menudo al escucharla se percibe un escalofriante vacío en el alma. La televisión, como siempre en estos casos, es una formidable manipuladora y se justifica diciendo que se trata de un simple pasatiempo. Pero, ¿cómo considerarlo un mero pasatiempo si los que ilustran los horóscopos, además de obtener grandes ganancias, se apresuran a decirnos detalladamente todas las cosas que nos sucederán en el día, en la semana, en el mes y hasta en el año, comenzando por las vivencias personales más íntimas? Intimidades y sentimientos son las cosas que toda persona toma más en serio en lo que se refiere a uno mismo y a los demás. El que piense incidir sobre ellos, sea que lo haga por juego o porque está convencido de saber hacerlo, en todo caso es un engañador. A menudo los autores y los responsables de los diarios y de las transmisiones en que se presentan los horóscopos, dan la sensación de haber caído en la superstición sosteniendo que se proponen estas cosas para dar un poco de esperanza a la gente, que está atravesando dificultades en la vida. Pero la esperanza cuando se funda en la nada, es solamente un engaño.

Precisamente ídolos que desorientan y apartan, alejan de la verdadera razón de felicidad que está en Jesucristo. La lista es muy larga y cada uno de nosotros sabe perfectamente lo que ha de añadirle. *Todos estos ídolos son el fruto de la convicción de poder prescindir de Dios. Ya no se quiere creer en el mundo invisible como nos es manifestado por la divina revelación: Dios, ángeles y demonios; paraíso, infierno y purgatorio, inmortalidad del alma, juicio final. Y la paradoja es que se termina creyendo en un mundo paralelo hecho de fuerzas y de entidades cósmicas, de personajes fantásticos que actúan misteriosamente, por fuera del plano normal de la sensibilidad y que es posible acercar y comprender sólo a través de las enseñanzas de ocultistas, espiritistas, famosos gurús y sedicentes expertos de pseudo-ciencias de toda clase. Personas que a través de estas fuerzas pueden leer el pensamiento y el futuro, materializar objetos, influir sobre la naturaleza y también, positiva y negativamente sobre otras personas. Gente que tiene la capacidad de entrar en contacto directo con los espíritus, con los muertos y hasta con los extraterrestres.*

Así es que, en vez de dirigirse al sacerdote se pide la intervención del brujo, se siguen los consejos de magos y de espiritistas, se confía en gurús. En vez de la práctica de los sacramentos y de la oración, se ejecutan extraños ritos, se pronuncian fórmulas desconocidas, se habla con los espíritus. En vez de poner la propia esperanza en la inmortalidad del alma, en la resurrección y en el retorno de Cristo al final de los tiempos, se observa el cielo en espera de la visión de los ovnis, de la llegada de los extraterrestres, de las misteriosas entidades que llegarán a salvar al mundo, se cree en mitologías milenarias que no pueden hacer nada, sino llevar a la desesperación. En vez de encomendar la propia protección al Crucificado, a la Santísima Virgen, a los santos, al Ángel de la Guarda, se adornan de amuletos, se colocan cuernos, herraduras, clavos retorcidos en la casa, en la oficina, en el automóvil.

Ese Dios que es demasiado «medieval» para ser adecuado para los tiempos y los conocimientos de la modernidad, es sustituido por la superstición en sus diversas formas y, lamentablemente, en sus perversidades diabólicas. Todas estas cosas que de modernas no tienen sino las tecnologías con que se les hace propaganda, como la televisión, el correo electrónico, las redes sociales, foros y sitios de Internet. *Donde no hay fe, donde al conocimiento seguro de la revelación se sustituye por la mistificación, es fácil que nazcan invenciones de todo tipo, elaboraciones fantásticas hechas por el ser humano. Para el que está anclado en la palabra de Dios, todo lo que no es palabra de Dios es simplemente humano. Y cuando el hombre no sigue a Dios termina acomodándose a los designios del diablo.*

El espiritismo y el ocultismo son una prueba evidente de esto. *Verdaderas puertas abiertas al diablo. Evocar a los muertos para tener una respuesta respecto a cualquier interrogante nuestro, es una práctica muy frecuente. Hay muchos que hablan de esto como una cosa positiva que puede incluso servir para sanar las heridas afectivas dejadas por la desaparición de un cónyuge. De vez en cuando, aun en TV se oye hablar de madres que dicen haber recobrado la confianza después de que, gracias al espiritismo, han logrado ponerse en contacto con sus hijos prematuramente desaparecidos, muy a menudo a causa de accidentes de tráfico.*

De hecho se interroga a los muertos para tener las respuestas que la fe cristiana ya nos ha proporcionado. Sin embargo, ya no las consideramos convincentes, lamentablemente incluso porque encontramos sacerdotes y religiosos que no nos convencen. Estamos desesperados, somos vulnerables a las tentaciones y nos fiamos de lo que se presenta. Muchos jóvenes prueban el espiritismo por simple curiosidad. Se hace espiritismo de muchas maneras: está el llamado juego del cartelón, el juego del vaso, el juego de la mesita. Se hace espiritismo con la grabadora magnética, con la así llamada escritura automática. Hay escuelas de espiritismo como el «movimiento de la esperanza» que, dramáticamente, afirma tener la adhesión incluso de algún sacerdote.

Y en todo esto no hay absolutamente nada de nuevo. Se trata de caminos inútilmente recorridos desde tiempos inmemoriales. En el siglo XV un filósofo como Marsilio Ficino, uno de los artífices del pensamiento renacentista, formado en el círculo intelectual que estaba relacionado con la casa Médici, escribía: «El hombre hace las veces de Dios, que habita en todos los elementos, de todos cuida y, presente sobre la tierra, no está ausente del cielo. Y no sólo se sirve de los elementos, sino también de todos los seres que viven en los elementos: de los terrestres, acuáticos, volátiles para alimentarse de ellos, para su comodidad, para su deleite; de los seres superiores y celestes por la doctrina mágica y sus prodigios... Y no solamente el hombre domina a los animales con la crueldad, sino que también los gobierna, los asiste, los adiestra. Suya es la Providencia universal de Dios, que es causa universal. Por tanto, el hombre, que provee universalmente, sea a los seres vivientes, sea a las cosas inanimadas, es en cierto sentido un dios».

Análogamente, Juan Pico della Mirandola, alumno de Ficino, creyente y cabalista al mismo tiempo, cultivador de las que en esa época se llamaban ciencias mágicas, hace hablar a Dios con estas palabras dirigidas a Adán y, por tanto, a la humanidad entera: «No te he hecho ni celeste ni terreno, ni mortal ni inmortal, para que tú, como si fueras el libre y soberano creador de ti mismo, te plasmes por ti mismo según la forma que prefieras. Podrás degenerarte abajándote hasta los seres inferiores que son *los brutos*, o, siguiendo el impulso de tu ánimo, regenerarte elevándote a los espíritus mayores que son divinos...». Por tanto, después de haber explicado que en los seres celestes Dios ha puesto una cierta semilla y en los brutos otra semilla, que los diferencia claramente en sus acciones, poniendo a los unos en el lado opuesto de los otros, Pico della Mirandola subraya que en el hombre Dios ha puesto «las semillas de toda especie y los gérmenes de toda vida: según como cada uno los cultive, estos se desarrollarán y producirán en él sus frutos».

Expresiones que desde el punto de vista teológico podrían definirse *border line*. La esencia de las cosas es clarísima para ambos. La esencia de Dios y del ser humano, a imagen y semejanza de Dios, es plenamente iluminada. Así como lo ha sido en el Renacimiento, hasta el punto de que la particular dedicación a la belleza de todas las formas de arte se buscaba en el intento de reflejar la grandeza y la belleza de Dios. Basta leer los sonetos de Miguel Ángel para tener de ello una demostración. Al mismo tiempo, tanto en Ficino como en Pico della Mirandola, se tiene la conciencia lúcida del hecho de que el hombre puede directamente interferir con los «seres superiores», para manejar las fuerzas misteriosas del espiritismo y de la magia. Naturalmente, lo que constituye la diferencia es el modo como el hombre se pone frente a estas cosas. Uno puede elevarse a Dios con la humildad o con la soberbia diabólica de quien quiere sustituirle a Él.

Con certeza se sabe que Ficino en su ancianidad decidió hacerse sacerdote, Pico della Mirandola, por lo que sabemos, permaneció *border line*. Ninguno de los dos alcanzó las alturas de la fe de dos contemporáneos y comunes amigos como Jerónimo Savonarola y Miguel Ángel Buonarroti: atormentados por la experiencia del mal, deslumbrados por la luz de Cristo, caracterizados aunque de forma distinta por un imponente empeño de moralización interior, seguros de poder ascender a la visión y a la perfección divina sólo confiándose al mismo Dios. Plenamente conscientes de la advertencia del Deuteronomio, según la cual hacer magia y evocar a los muertos es abominación para Dios. Por lo demás, aquellos fueron años particularmente difíciles para la verdadera fe, en cierto sentido muy cercanos a los nuestros. El mismo concilio de Trento, aun dentro de una lógica de contrarreforma, debió medirse con la necesidad de trazar incluso para el arte figurativo y para la música los límites entre lo sagrado y lo profano, entre lo divino y lo diabólico. En cierto momento incluso se había pensado en eliminar de la liturgia la música. Pero se dice que los cardenales cambiaron de idea después de escuchar la *Missa Papae Marcelli*, en honor del difunto Marcelo II, escrita por Palestrina.

En el fondo del camino del cristiano, aunque tortuoso y complicado, emerge siempre la verdad en todo su esplendor. La distinción entre el bien y el mal sigue la misma lógica que distingue lo bello de lo feo, lo sublime de lo horroroso.

Las sectas satánicas

El satanismo, en todos sus aspectos, es la forma de ocultismo por excelencia. Una vida de graves pecados, acompañada de un progresivo habituarse al mal, puede conducir a hacer una opción culpable a favor del diablo, a veces sin ni siquiera darse cuenta de la gravedad de lo que se está haciendo y de la imposibilidad de rectificar. La blasfemia frecuente, cuando no es simplemente una muletilla, sino un gesto consciente de odio hacia la divinidad, acerca. Se cree hablar con un difunto, pero realmente se comunica con el diablo. La frecuentación constante de ciertos locales nocturnos conduce a menudo por un camino de perdición que presenta siempre las mismas etapas: alcohol, droga, sexo, sectas satánicas. En una secta, naturalmente, se puede entrar también a través de amistades, lo mismo que acercan a este ambiente la predilección por los comportamientos perversos, la pasión por un cierto tipo de música, etc.

Adherirse a una secta satánica es relativamente sencillo. Las instrucciones se pueden encontrar hasta en Internet. Salir de ella resulta muy difícil por no decir casi imposible. Ordinariamente se trata de grupos muy pequeños, porque así pueden reunirse más fácilmente para realizar sus ritos, es más fácil tener bajo control a los diversos miembros y pueden actuar sin ser molestados. El rock satánico, especialmente entre los jóvenes, a menudo es utilizado como aglutinante. Se encuentran gracias a este tipo de música, se frecuentan por medio de ella, se comienza a pensar en términos de proyectos satanistas inspirados por ella, se afianza la compli-

cidad mediante el uso de drogas que este tipo de música difunde y valoriza.

El rock satánico promueve también formas de satanismo solitarias o también de pareja. Enseña un individualismo desenfrenado, el nihilismo absoluto, combate todo tipo de orden social y aún más a la familia y a la religión católica. Formas de satanismo solitario promovidas en Internet o en ambientes particulares también gracias a la difusión de opúsculos, se concretizan como verdaderas y propias pedagogías del suicidio. Yo mismo he retenido a una adolescente un librito en que se enseñaba tanto la consagración a Satanás como varios modos de darse muerte. Y considerando el aumento en todo el mundo de los suicidios entre los adolescentes, se podría pensar que también esta sea una de las razones para ello.

Las sectas satánicas constituyen el grado máximo de la consagración a la acción del diablo, con todas las acciones terribles que ellas comportan: la profanación de los cuerpos (hemos podido constatar que el sexo es la llave de acceso más común a estos ambientes), la profanación de lo sagrado realizada en todas las formas (hay sacerdotes que se prestan a hacer misas negras, en el curso de las que se profana el cuerpo y la sangre de Cristo), los sacrificios humanos realizados dentro de ritos satánicos, como señal de total adhesión al mundo de Satanás.

Por lo demás, no faltan casos de santos que al asistir a la misa, en especial en el momento de la consagración, percibían claramente la impureza o la pureza del sacerdote. Faustina Kowalska cuenta en su diario que al asistir a la misa celebrada por su confesor veía sobre el altar al Niño Jesús que sonreía a todos y le hacía entender que tenía en mucho aprecio el alma de aquel sacerdote. Al contrario se da el caso de Teresa de Ávila que, en un cierto momento de su vida, enferma y cansada, no podía evitar el asistir a la misa celebrada por un sacerdote del que tenía cierto horror porque percibía de forma evidente toda la gravedad de su pecado. En el momento de la elevación veía la hostia brillantísima sostenida por manos negras como el carbón. Esto demuestra el hecho de que la transformación del pan y del vino en el cuerpo y en la sangre de Cristo se da de todos modos, aunque el sacerdote actúe animado por el mal.

Desde este punto de vista se puede sin más afirmar que los satanistas creen firmemente en la presencia real de Jesús en la Eucaristía, paradójicamente mucho más que tantos católicos. Muchos robos de hostias consagradas suceden precisamente por este motivo y, lamentablemente, no faltan sacerdotes pervertidos por el demonio que se adhieren a sectas satánicas. Siempre los ha habido. A menudo me preguntan por qué un sacerdote cae tan bajo. Lo que puede decirse es que el abismo de las perversidades es insondable y que el demonio siempre concede lo que promete, naturalmente, a cambio del alma.

Es el concepto de vender el alma al diablo, que en literatura se hizo famoso con el personaje de Fausto, pero viene a la mente, sólo para presentar otro par de ejemplos, también el de Dorian Gray de Oscar Wilde o *El maestro y Margarita* de Bulgakov. Se puede vender el alma también a un perverso y egocéntrico espejismo de superación de las propias limitaciones sin que el resultado en términos de perdición y destrucción cambie, como en el capitán Ahab de *Moby Dick*. Lo mismo que puede construirse una vida entera y una fortuna sobre un hábil engaño, y descubrir al final que la misma habilidad con que hemos engañado a los demás, nos ha arrojado a nosotros mismos en brazos de la nada, como el protagonista de *Las almas muertas* de Gogol.

Además de esto, en Gogol, habría que analizar algunos de los fascinantes *Cuentos de Petersburgo*, conocido con el título de *El retrato*. En él están plenamente expresadas todas las formas con que el diablo actúa sobre el género humano, aun las aparentemente menos probables, con sus consecuencias. El mismo arte, en todas sus expresiones posibles, no puede nunca por su naturaleza evitar el tomar partido o por el bien o por el mal y de esta manera hacer evidente una u otra opción, quizá más que cualquier otra realización del ingenio humano. Al mismo tiempo el cuento de Gogol ilustra la única vía posible de rescate: la total entrega a Dios. A través de ella también la forma artística adquiere aquella extraordinaria capacidad de transmitir lo divino que es propia de lo bello.

Me viene a la mente el eficaz discurso de Benedicto XVI a la ciudad de Roma, con ocasión de la fiesta de la Inmaculada de 2009: «Cada día, por medio de los diarios, la televisión, la radio, se nos cuenta el mal, repetido, amplificado, habituándonos a las cosas más horribles, haciéndonos insensibles y en cierta forma intoxicándonos, porque lo negativo no es plenamente digerido y se acumula día a día. El corazón se endurece y los pensamientos se opacan. Por eso la ciudad necesita de María, que con su presencia nos habla de Dios, nos recuerda la victoria de la gracia sobre el pecado y nos induce a esperar aun en las situaciones humanamente más difíciles... En el corazón de cada uno de nosotros pasa el límite entre el bien y el mal y nadie de nosotros debe sentirse con derecho a juzgar a los demás, sino más bien, cada uno debe sentir el deber de mejorarse a sí mismo». Los medios masivos, continúa el Papa, «tienden a hacernos sentir siempre espectadores, como si el mal solamente tuviera que ver con los demás, y ciertas cosas nunca pudieran sucedernos a nosotros. En cambio, todos somos actores y tanto en el mal como en el bien, nuestro comportamiento tiene un influjo sobre los demás. A menudo nos lamentamos de la contaminación del aire..., sin embargo, hay otra contaminación, menos perceptible a los sentidos pero igualmente peligrosa. Es la contaminación del espíritu. Es la que hace menos sonrientes a nuestros rostros, más oscuros, que nos lleva a no saludarnos entre nosotros, a no mirarnos a la cara... Las personas se vuelven cuerpos, y estos cuerpos pierden el alma, se vuelven cosas, objetos sin rostro, intercambiables y consumibles...».

Por tanto, he aquí el juego diabólico relanzado por la cultura, por las costumbres, por algunas formas de arte y por gran parte de los medios masivos, a los cuales siempre existe el riesgo de acostumbrarse. Vendo mi alma, compro la tuya, hago como si la mía y la tuya no existieran. A veces porque lo quiero, a veces porque me he adaptado a tal superficialidad, si no es que hay una ausencia de relaciones humanas que ya no pueden hacer que yo me dé cuenta de ello. Y luego de todos modos no importa. Exactamente lo que sucede al joven Raskolnikov, el protagonista de *Crimen y castigo* de Dostoievski, que casi sin darse cuenta madura dentro de sí las condiciones que lo llevarán al doble asesinato que marca su vida, realizado como si fuera inevitable, en la lógica misma de las cosas, porque otros como él lo habían pensado de la misma manera. «Enseguida –se lee en la novela– no lograba entender de dónde le había venido tanta astucia, tanto más que su mente, a ratos, como que se oscurecía y él ya casi no sentía su cuerpo...». Solamente después, «una oscura sensación de penosa soledad, de extrañeza, se le reveló a su alma... La sensación más tormentosa que todas las sensaciones que había sentido en toda su vida».

Es la astucia del diablo que saca una enorme ventaja de una sociedad que además de negar su existencia niega también la existencia del alma. Si para mí el diablo no existe, para él es más fácil actuar; si para mí el alma no existe o es como si no existiera, ya no tiene valor alguno ponerla en juego y perderla.

Se la vende, se la pierde y después resulta muy difícil reapropiársela, si es que la persona se da cuenta del error y desea volver sobre sus propios pasos. En resumen, no sucede como a aquel personaje de Guareschi, un comunista de la primera época, tan encarnizado como ingenuo, que se profesa ateo, anticlerical y naturalmente no cree en la existencia del alma. Cuando un anciano hombre de fe, considerado ejemplo clásico del «beato», le propone venderle el alma por una suma modesta pero no despreciable, decide hacer el negocio, pensando que cede la nada a cambio de dinero. Sólo tiempo después, tras las vicisitudes de la vida, sintiendo como un vacío por dentro, piensa en su alma vendida y decide echar atrás el negocio y recuperarla. También el astuto viejecito quiere nuevamente su dinero porque finalmente aquel hombre ha comprendido que el alma tiene un valor.

Las fórmulas de adhesión a las sectas satánicas son una especie de venta de la propia alma al diablo. *Yo mismo he quemado muchas fórmulas de consagración a Satanás. Más o menos se expresan siempre los mismos conceptos: Satanás, tú eres mi dios, quiero pertenecer sólo a ti y tú en cambio dame riqueza, placeres, salud, éxito. Todas las cosas que tienen que ver con este mundo. Los llamados placeres de la carne. Todo el reino de Satanás, por lo demás, está basado en las cosas de acá. Del más allá solamente está la oscuridad infernal. Cuando Satanás tienta a Jesús, en esencia afirma: todos los reinos de la tierra son míos y los doy a quien quiero. Jesús no le responde que es un mentiroso, sino: «Está escrito: no adorarás otro dios fuera del Señor, tu Dios».*

Lo que conozco de las sectas satánicas me lo han dicho las personas que con gran dificultad y con grave riesgo deciden salir de ellas. Salen marcadas y con influencias diabólicas que les provocan grandes sufrimientos. Para ser liberadas necesitan exorcismos. Además, muy a menudo, viven en un estado de terror. Son amenazadas. Saben que también pueden ser asesinadas. Hay muchos episodios conocidos, en Italia y en otras partes, que documentan asesinatos realizados en estos ambientes. En Estados Unidos es casi sistemático que quien trata de salir de ellas sea asesinado. En Italia sucede más raramente. El terror de estas personas nace también de la experiencia directa de las consecuencias de los maleficios, y las sectas satánicas llevan a cabo maleficios contra los que deciden salir de ellas. Es siempre la crónica la que nos cuenta los suicidios y los misteriosos accidentes automovilísticos.

Tengo dos casos de este tipo muy graves, en los que estoy comprometido desde hace algunos años. El primero se refiere a un hombre víctima de una secta satánica, la cual sigue haciendo maleficios contra él y contra su familia. En cuatro años he logrado liberar a la mujer y a los hijos. Con él he llegado a hacer que el diablo ya no grite cada vez que dice que lo quiere muerto. Ahora ese diablo sabe que tiene que irse. Está resignado a irse, pero todavía se resiste. Esta familia sabe perfectamente de quién recibió el maleficio. Se conocen los miembros de la secta. Informaciones que a menudo se pueden controlar interrogando al demonio. En este caso es él mismo el que confirma los nombres de los miembros de la secta. Y ha sucedido que cuando uno de ellos ha muerto, el diablo ha dicho en el exorcismo que ya no pertenecía a la secta.

El segundo es el caso de una chica del norte de Italia que recibió un maleficio muy fuerte de parte de un grupo satánico constituido por hermanas de clausura. Una cosa terrible, difícil de comprender y de digerir por el contexto en que se llevó a cabo, pero lamentablemente la historia nos ofrece otros ejemplos de religiosos y religiosas que se han entregado a Satanás. Y cuando sucede, el mal que se desata es enorme. La chica frecuentaba a estas hermanas, como lo hacen muchas otras personas normalmente. Les ayudaba, incluso con donaciones de dinero.

Pero, ¿cómo se llega a decir que fueron precisamente ellas? *Lo ha entendido ella misma. Ella se dio cuenta. Son muchos los que logran captar con precisión quién les lanzó el maleficio. Un obispo exorcista, amigo mío, la ha exorcizado muchas veces. Pidió mi ayuda porque el maleficio del que estaba afectada era tremendo. Esta mujer es una profesional de la música de alto nivel y ya no ha podido volver a dar conciertos porque el diablo le bloquea las manos. Sucede de improviso, en medio del concierto, sin una razón. Durante el exorcismo no tiene ninguna reacción. Una cosa muy difícil de entender. Con ella no se logra tener un diálogo con el demonio, como sucede con otros posesos. Después del exorcismo, está mal un par de días, luego durante una semana parece curada. Después, todo vuelve a empezar. En su profesión necesita por lo menos cuatro horas de ensayo al día. Después del exorcismo lo logra por algún tiempo. Pero en los conciertos no. Han sido muchos los exorcistas que la han exorcizado y, lamentablemente, siempre con el mismo resultado.*

La esencia del pecado

Sufro cuando no se logra liberar a las personas de estas terribles situaciones de asechanza diabólica. Sufro porque siento que tienen mucha necesidad de ello. Comprendo que soy limitado. Que no tengo suficiente fe. A veces incluso siento un poco de envidia de los apóstoles que arrojaban a los demonios con un solo encuentro. Muchos santos han llegado a este nivel de unión con Cristo como para lograr liberar del demonio incluso con su sola presencia. Juan Bosco, cuando era muy anciano y ya casi no podía salir de su habitación para ir a la capilla, había llegado a tal grado de santidad y de capacidad de exorcismo, que el diablo ni siquiera soportaba su presencia. Se cuenta a este propósito el caso de una chica francesa endemoniada que después de años de peregrinaciones de un exorcista a otro, decide dirigirse a don Bosco. Va a la capilla donde el santo suele celebrar la misa con la esperanza de encontrarlo. En cuanto entra en la iglesia, con don Bosco en el altar, el demonio huye y la chica queda liberada. También santa Catalina de Siena arrojaba los demonios con gran eficacia mediante la oración.

Es una cuestión de fe, de gran fe. Y cuando no la hay o uno siente que tiene poca fe, hay que pedirla con fuerza. Y aquí vuelve a sernos de ayuda el citado discurso de Benedicto XVI el día de la Inmaculada: «¿Qué dice María a la ciudad? ¿Qué recuerda a todos con su presencia? Recuerda, como dice san Pablo (Rom 5,20), que donde abundó el pecado sobreabundó la gracia. Ella es la Madre Inmaculada que repite también a los hombres de nuestro tiempo: no temáis, Jesús ha vencido el mal; lo ha vencido de raíz, liberándonos de su dominio».

Toda la Biblia está ahí para decírnoslo; frente a las continuas infidelidades de los hombres, Dios tiene paciencia, paciencia, paciencia..., luego, en cierto punto llega el castigo. Pero no es Dios quien castiga, son los hombres los que se castigan a sí mismos, se castigan entre ellos. Debe quedar claro, no es Dios quien manda los castigos. Los hombres yendo por el camino del maligno transforman todo en mal y el mal nunca construye, sino que separa, destruye siempre. San Agustín decía que si Dios no los tuviera frenados, «los demonios nos matarían a todos». Y los demonios son muchísimos. Una vez un demonio me dijo:

—«Si fuéramos visibles, oscureceríamos el sol».

Pero los ángeles son inmensamente más numerosos. Y nosotros no debemos tener miedo al demonio, porque como acabamos de leer, Jesús ha vencido el mal de raíz, liberándonos de su dominio. Debemos, en cambio, tener miedo al pecado. Con determinación Pablo VI sostenía que «todo lo que nos defiende del pecado nos defiende del maligno».

También san Juan de la Cruz en una de sus obras menores, con el título de *Cautelas*, dirigida a sus cohermanos carmelitas descalzos, enseña a tener en cuenta el ejemplo de la mujer de Lot (Gén 19,26), «la cual, turbada por la ruina de los habitantes de Sodoma, se volvió a mirar hacia atrás y se convirtió en estatua de sal. Esto sucedió para que entiendas que es voluntad de Dios que, aunque vivieras entre los demonios, tú entre ellos deberías comportarte de tal manera que no vuelvas ni siquiera tus pensamientos a los de ellos, y que debes en cambio olvidar del todo, empeñándote en llevar tu alma pura y entera a Dios, sin ser turbado por ninguna clase de pensamientos».

Hay que alimentarse de todo lo que es positivo y agrada a Dios. Si nos mantenemos alejados del pecado eliminamos la presencia demoníaca y ya no tenemos miedo al demonio. Por lo demás, la Biblia no nos dice nunca que tengamos miedo al diablo. Jesús no tiene miedo al diablo y no enseña a tenerle miedo, ni siquiera cuando se encuentra cara a cara con él junto con sus discípulos.

Arroja a los demonios y enseña a arrojarlos. Pero Jesús, como toda la Biblia, invita a temer las obras de Satanás, el mundo, es decir, el pecado, las tentaciones. En la primera carta de Pedro, en el capítulo 5, se pide: «Poner en Dios toda preocupación, porque Él cuida de vosotros. Sed sobrios, estad despiertos. Vuestro enemigo, el diablo, como león rugiente, ronda buscando a quién devorar. Resistidle firmes en la fe, sabiendo que vuestros hermanos dispersos por el mundo padecen los mismos sufrimientos. Y el Dios de toda gracia, que os ha llamado a su gloria eterna en Cristo, Él mismo os restablecerá». Del mismo modo san Pablo, en el capítulo 6 de la Carta a los efesios recuerda que: «Alcanzad fuerza en el Señor y en el vigor de su poderío. Revestíos de la armadura de Dios para poder resistir a las insidias del diablo» (6,10s).

Por una parte el diablo nos quiere devorar, por otra Dios cuida de nosotros, o mejor, por medio de Cristo nos ha preparado ya un puesto en la gloria eterna. *No debemos hacer otra cosa sino escoger: el pecado o la gracia para resistir a la tentación. Debemos sentirnos seguros de la ayuda de Dios, de la protección de María y del Ángel de la Guarda. Dejarse dominar por la desesperación es un pecado, fruto de la tentación que nos quiere hacer creer que el mal es el protagonista de la historia. Sabemos que es Jesús el verdadero protagonista de la historia. La opción por Él aleja el mal de la historia, comenzando por alejarlo de la nuestra.*

Un concepto muy claro para los profetas: «No temas, Sión, no te dejes caer los brazos. El Señor, tu Dios, en medio de ti es un salvador poderoso. Gozará contigo, te renovará con su amor, exultará contigo con gritos de júbilo» (Sof 3,16-17). «Al final mi corazón inmaculado triunfará», es la promesa de la Santísima Virgen como conclusión de la profecía de Fátima. Por eso, sin medias palabras, san Pablo, en la Carta a los filipenses, habla de gozo, de fiesta, de paz, que deben llegar a ser signos distintivos del cristiano: «Estad alegres. Que vuestra clemencia sea conocida de todos los hombres. El Señor está cerca. No os inquietéis por cosa alguna, antes bien, en toda ocasión presentad a Dios vuestras peticiones mediante la oración y la súplica acompañadas de la acción de gracias. Y la paz de Dios, que supera toda inteligencia, custodiará vuestros corazones y vuestras mentes en Cristo Jesús» (Flp 4,4-7).

El bien triunfa. Y si uno quiere tener una idea, aunque sea parcial, de la omnipotencia y de la grandeza de Dios, haga como santa Bakhita, piense en el cielo estrellado. Una imagen que nos permite acercarnos a un concepto fundamental, ya expresado por san Pablo: todas las estrellas brillan pero no con la misma intensidad. Tanto en el infierno como en el paraíso no seremos todos iguales. En este sentido la visión proporcionada por la Divina Comedia *es muy realista y el Apocalipsis al describir la multitud de las almas santas hace entender lo mismo. Todos seremos felices al compartir en el paraíso la intimidad con Dios, pero no de la misma manera. «En su voluntad está nuestra paz», dice Pía dei Tolomei a Dante, pero permanece la unicidad de la persona humana. Nadie es igual a otro, en la vida terrena lo mismo que en la eternidad. Pero todos pueden contribuir. Cada cual con sus propias fuerzas. Basta simplemente usarlas, sean pequeñas o grandes. Y como se lee en la conclusión del capítulo 11 de Mateo, nunca hay que temer que no seamos capaces. Jesús se apresura precisamente a confortar a los que no pueden, a los que ya están abrumados por pesadas cargas: «Venid a mí todos los que estáis cansados y agobiados. Tomad mi yugo sobre vosotros y aprended de mí que soy manso y humilde de corazón y encontraréis reposo para vuestras almas. Porque mi yugo es suave y mi carga ligera».*

En conclusión, el reino de Dios no es de este mundo, pero esto no quiere decir que no pueda estar ya dentro de nosotros y que no se lo pueda hacer vivir a quien está a nuestro alrededor. Jesús mismo lo hace explícito en su modo de vivir. Él es el primero que está muy atento a las cosas del mundo: cura a los enfermos, cultiva amistades. Cuando se siente cansado y fatigado va a visitar a Lázaro y a sus hermanas. Entra en las casas y gustoso se queda a comer. Trabaja para vivir. Está muy atento a las necesidades, tanto de quienes siempre están cerca de Él, como de los que se encuentran casualmente solos. Como narra en la parábola del buen pastor, está dispuesto a hacer de todo, para salvar a la oveja perdida. Así como está listo para hacer una fiesta cuando el que estaba perdido vuelve a su casa. Porque: «Hay más alegría en el cielo por un pecador que se convierte que por noventa y nueve justos que no necesitan convertirse».

Todo se ha de mirar y vivir en función de la vida eterna. La parábola del rico epulón nos ayuda a comprender que la vida es una especie de itinerario dividido en dos partes, en donde la primera, en esta tierra, tiene como objetivo hacernos ganar el paraíso en la segunda. Y Jesús se muestra exigente y explícito al indicar el camino justo (Mc 8,34-36): «Si alguno quiere venir en pos de mí, niéguese a sí mismo, tome su cruz y sígame. Porque el que quiera salvar su vida la perderá, pero el que pierda su vida por mí y por el evangelio, la salvará. En efecto, ¿de qué sirve al hombre ganar el mundo entero si pierde su propia alma?». Después del encuentro con el hombre rico, en el capítulo 10 de Marcos, Jesús anuncia la recompensa para el que ha dejado todo por seguirlo. Esto no significa que el Señor esté contra los bienes terrenos, sino que está contra toda forma de apego humano a los bienes terrenos, que es la esencia misma de la tentación y del pecado.

Para resistir debemos ser exigentes con nosotros mismos, porque, anotaba santa Catalina de Siena, «nuestros enemigos no duermen nunca, sino que siempre están atentos para perseguirnos». Por esto invitaba a abandonar el amor propio y los «temores serviles» respecto a los deseos terrenos, «con voluntad decidida, con paciencia y con firme perseverancia», para poder ser «caballeros viriles capaces de combatir contra nuestros enemigos por amor de Cristo Crucificado». De lo contrario «seremos tan tímidos que nuestra sola sombra nos asustará».

El cristianismo vivido de forma viril y rigurosa nos permite cerrar las puertas al diablo. León XIII en la encíclica *Exeunte iam anno,* escribía que «toda la vida del cristiano debe resumirse en este deber capital: no ceder nunca a la corrupción que nos propone la renaciente mentalidad pagana, sino oponerle una lucha sin componendas, una resistencia tenaz». El mundo, para decirlo con san Agustín, «nos asedia» y se aprovecha de nuestras debilidades, incluso del «temor de tener que sufrir». Por eso Jesús invita a ser sencillos como las palomas, pero astutos como las serpientes. Prudencia y candor, fuerza de ánimo y oración, haciendo un tesoro de la experiencia terrena de quien, como san Agustín, no se desdeña de pedir: «Señor, asísteme en la lucha, ayúdame a triunfar sobre las asechanzas del mal, suple mi debilidad y corona finalmente el combate con tu misma victoria».

Las puertas abiertas al diablo

La lenta degradación de la familia es emblemática de la acción del demonio en la sociedad. El hecho mismo de que una familia estructurada haya sido el ambiente en que Jesús escogió nacer y crecer hace de ella un destino privilegiado. La familia está siendo blanco de ataques. La evolución cultural, las leyes, el trabajo, el empleo del tiempo libre, los medios masivos de comunicación, todo actúa en contra de este núcleo fundamental e insustituible para el crecimiento de las nuevas generaciones. Son todas puertas que se dejan abiertas al diablo que, una vez que ha entrado, aunque no nos demos cuenta, desde dentro corroe, consume, divide, destruye.

Caso fundamental es la repentina evolución del comportamiento femenino, generada no sólo por cuestiones ideológicas y de costumbres sino también por factores contingentes. Hoy desafortunadamente en muchas familias un solo salario ya no alcanza. ¿Qué hago para mantener a una familia con hijos con un salario mínimo al mes? Las mujeres se ven forzadas a salir a trabajar para poder cuadrar las cuentas. También antiguamente las mujeres trabajaban. La sociedad campesina se las arreglaba aunque en medio de las muchas dificultades de la condición de la familia, previendo para las mujeres formas de trabajo comunes con las del marido y las de los hijos. De igual forma la Santísima Virgen tenía callos en las manos por su trabajo y a la vez era una amorosa madre. No era ciertamente la señorita que presentan nuestras imágenes sagradas. En cambio en la situación de hoy es difícil que una mujer logre trabajar todo el día y ser plenamente madre. El hacerlo exige un gran esfuerzo, una entrega total y muchas renuncias, en una plena colaboración entre marido y mujer. Cosas que son cada vez más difíciles de observar en las parejas jóvenes, porque es la misma sociedad la que empuja a la superficialidad de las relaciones y a tener el sacrificio como cosa inútil. ¡Cuántos padres han perdido totalmente el sentido pedagógico y educativo de la paternidad!

La disolución de la familia muchas veces es consecuencia de esto. A los hijos se los deja solos. Se hace todo para que adquieran lo más pronto su autonomía ventajosamente. Permanecen solos frente a la televisión, a Internet, tienen amistades sin ningún control de sus padres, quienes han dejado de enseñar y no ejercen ya las reglas de la severidad y de la firmeza, han perdido la autoridad. Naturalmente no se puede volver al modelo de familia de cuando éramos niños. También entonces había distorsiones, pero de todos modos demasiadas cosas han cambiado, la sola evolución de los medios de comunicación ha revolucionado los estilos de vida. Pero es bueno recordar que, en la mayoría de las familias de entonces, las madres eran el eje, las artífices de la educación de los hijos. En las familias grandes este tipo de educación era aún más eficaz porque a cada hijo le resulta fácil ocultar a sus padres sus asuntos, pero no logra lo mismo con sus hermanos. La emancipación femenina se ha entendido como equiparación con los comportamientos masculinos. El resultado es que si en las familias el que tenía actitudes erróneas y negativas era casi exclusivamente el varón, ahora lo son tanto el hombre como la mujer. En vez de mejorar, hemos retrocedido.

Cabe observar que si el movimiento feminista hubiera empleado las mismas energías no para hacer que las mujeres se asemejaran a los hombres, sino para llevar al hombre a volver a tomar plena conciencia de sus deberes familiares, para encontrar la razón de su vida en estos y en la relación de igualdad con la mujer, el presente de las familias sería muy distinto y ciertamente las mujeres habrían ganado en términos de autoridad y de desempeño en la sociedad.

También aquí, como siempre, hay que contar con el poder de la tentación, que hace que parezca justo el camino más fácil. Y son muchas las historias de influencias diabólicas en el ámbito familiar, que hacen comprender de dónde proviene esta tendencia hacia la disgregación y hacia la superficialidad con la que se va difundiendo un nuevo concepto de familia ampliada, sin respeto por los hijos, sin ninguna atención a sus necesidades educativas y a sus necesidades afectivas, generando una confusión en sus mentes y en sus corazones, que muchas veces los lleva a consultar psicólogos y psiquiatras, los que también demasiado a menudo son sentimentalmente desadaptados y espiritualmente áridos, por consiguiente incapaces de comprender tanto la entidad como la calidad del problema, es decir, sus mismas dimensiones.

¿Cuántas familias conocemos que son destruidas irreparablemente por los caprichos de las tentaciones? Sabemos también de familias duramente probadas que logran de alguna manera sobrevivir. Si ponemos atención a estas vicisitudes considerando el punto de vista de la asechanza diabólica, parece que muchos pasajes poco claros adquieren un significado evidente. *Me ocupo actualmente de una familia doblegada por una mujer ligada a Satanás, a la cual el demonio le concede todo lo que ella pide. El marido de la pareja en cuestión recibe mensajes, visitas y continuas llamadas telefónicas de esta mujer por la cual ha perdido la cabeza, a pesar de que le ha manifestado muchas veces la intención de cortar la relación. Él sigue teniendo fuertes sentimientos hacia su mujer y sus hijos. Ha seguido gustoso a su mujer, quien me lo ha traído. Su caso no es de posesión diabólica, sino de influencia maléfica que lo tiene esclavizado. Se dan todos los signos. Incluso el alejamiento de la fe, la que antes tenía algún espacio en su vida. En cierto momento había abolido por completo su relación con Dios. Con los exorcismos, lentamente la está recuperando. Pero aquella mujer todavía no deja de atormentarlo y él no logra liberarse totalmente de ella. Con su mujer hemos comenzado un difícil camino de oración. Ella lo ha comprendido, lo ha perdonado, ambos quieren recomenzar luchando juntos contra la malignidad de quien quiere separarlos.*

Una familia como muchas, en la cual el diablo entró para destruir mediante la culpa de uno de sus integrantes. Si aquel marido no hubiera abierto espacio a aquella tentación, el diablo no habría podido nada. Es importante ser siempre conscientes del hecho de que el demonio se insinúa en las grietas, y para hacer que las familias sigan en pie, es necesario confiarlas siempre a Dios. Si nos olvidamos de Dios, de inmediato estamos dispuestos a justificar toda clase de debilidades y errores.

Si nos olvidamos de Dios también estamos de inmediato listos para constituirnos en el centro del universo. «No más Dios, sino yo, yo, yo», como lo ha subrayado en una entrevista televisiva Mirjana, una de las videntes de Medjugorje. Y en estos casos casi siempre es la familia la que paga. Como sucedió a la pareja que se presentó en la televisión en un interesante y singular documental sobre el amor en Italia, firmado por Luigi Comencini en 1978. Los dos esposos hablaron frente a las cámaras de la Rai: dos personas sencillas, de unos treinta años.

Todo el problema, cuenta ella: «Se originó en mi suegra, que cuando nos casamos se enloqueció de celos. No quería que su hijo viniera a vivir conmigo. Recuerdo bien cuando gritaba:

—"Es mío, es mío. Es mi carne. Fui yo quien lo ha parido".

Después de algún tiempo comencé a tener problemas de salud que se agravaban cada vez más y sentía que ya no amaba a mi esposo. Conociendo nuestra historia, alguien me aconsejó ir al exorcista».

En este momento toma la palabra el esposo: «Los exorcismos lograban hacerla estar bien sólo por uno o dos días. Después todo volvía a comenzar. Un grupo de carismáticos se propuso entonces venir a orar a nuestra casa».

Vuelve a tomar la palabra la mujer: «Comenzaban a orar y el demonio dentro de mí gritaba:

—"No quiero irme, no quiero irme".

Un día, después de un terrible grito, me sentí mejor. Desde aquel momento también la relación entre mi esposo y yo, que se había malogrado, comenzó a mejorar. Volví a sentir todo mi amor por él».

Del mal puede nacer el bien

Domingo corre por el paseo empedrado de la playa. Corre tanto que casi pierde el aliento. Desde la estación el tren ya emitió la señal de estar listos para la partida. Es el tren de los trabajadores, el único de la mañana que llega a la entrada del pueblo. En la crisis de la posguerra su familia pasa graves dificultades económicas. En la ciudad lo están esperando para un trabajo. No puede perder la ocasión. El salario no es muy bueno, pero es seguro. Incluso le han prometido pagarle el mes anticipado. Para su madre y sus dos hermanitos pequeños sería el regreso a una vida digna. Domingo está retrasado o quizá el tren está adelantado. La madre le da las últimas puntadas al cuello de la camisa al que le ha dado la vuelta, le ha hecho perder aquellos minutos preciosos. En cuanto la camisa ha estado lista, se la ha puesto rápidamente, toma del perchero la única chaqueta de hombre que hay en toda la casa, que era de su padre, y sale.

El tren pita en la estación y Domingo puede ver la columna densa de humo que sale de la caldera, e indica la partida. Comprende que lo ha perdido pero igualmente corre. Su madre le ha prometido una oración para que todo llegue a buen fin. Y cuando aquella santa mujer promete su oración las cosas siempre terminan bien. Llega a la rampa que conduce a la acera cuando ya el tren está en movimiento. Sobre los veinte metros de rampa alcanza a ver el último vagón que se enfila en la galería. Está sudado, cansado y un velo de desesperación le ofusca los ojos. Ha perdido el tren, ha perdido el trabajo, ha perdido el pan para sus hermanos.

Se detiene un momento, luego, en vez de regresar al lugar de donde acababa de venir, resuelve hacer el camino más largo. Cuando pasa frente a la pequeña oficina del jefe de estación, le viene a la mente el recuerdo de su madre, que seguramente tendrá el rosario en la mano, ante la imagen de la Virgen, que hay en la mesa de la cocina. Domingo está pensando en aquellas inútiles oraciones cuando escucha que lo llaman por detrás. Es el viejo párroco del lugar. También él ha subido por el lado de la rampa. Debe tomar el tren que va en la dirección opuesta y que pasará por allí dentro de pocos minutos. Viendo el rostro del chico marcado por las lágrimas, se acerca para saber el motivo de tanta tristeza. Domingo siempre ha sido de pocas palabras y también en este caso no suelta más de siete u ocho... que son suficientes.

—«Había conseguido un trabajo pero perdí el tren...».

El sacerdote conoce la situación de aquella familia, semejante, por lo demás, a la de muchas familias de la región. Se acerca para consolarlo. Le pone el brazo en la espalda y después de caminar unos pocos pasos con él por la escalera que conduce a la calle, antes de dejarlo para atravesar los carriles y esperar su tren, le dice:

—«No te preocupes. Tu madre está allí orando siempre. Ella lo sabe con seguridad: de un mal puede nacer un bien».

Domingo baja las escaleras, se detiene en el tercer o cuarto peldaño. El pensamiento de su madre orando lo angustia y de las palabras del sacerdote no logra sacar ningún motivo de esperanza. Pero cuando vuelve a casa, llega como un río en crecida. La madre, sentada a la mesa, bajo la imagen de la Virgen, ha llegado al cuarto Rosario seguido. Lo creía en la ciudad hablando para el trabajo y se pasma al verlo tan pronto en casa. Pero él cuenta a la pobre mujer que perdió el tren y por tanto también el trabajo, sin embargo, tiene una alegría incontenible.

—«Don Jaime me dijo que de un mal puede nacer un bien».

La madre levanta la vista hacia la Virgen. Aquel hijo, como por lo demás su esposo, nunca ha tenido ninguna predilección por las cosas de la Iglesia. El hecho de que vuelva a casa citando aquella frase del sacerdote con tanto entusiasmo le parece que es un poco como una gracia. La Virgen en vez del trabajo lo ha hecho encontrar la fe. El chico insiste:

—«Fue como si don Jaime hubiera visto las cosas antes de que sucedieran. Bajé las escaleras de la estación y al darme la vuelta me he encontrado con María. Hacía meses que yo quería hablarle y nunca encontraba el valor para hacerlo. Desde la estación hemos hablado hasta aquí. De todo, mamá. Hablamos de todo. Y parecía que no era la primera vez y como si algunas cosas ya nos las hubiéramos dicho antes. Cuando nos despedimos teníamos otras mil cosas por decirnos...».

Aquel chico y aquella chica se casaron, tuvieron hijos y acumularon un capital considerable en una gran ciudad. Domingo cuenta su sencilla historia en la celebración de los cincuenta años de matrimonio, con su estilo espontáneo y las muchas palabras que no tenía pero que ha encontrado en la prolongada convivencia con María. Al recordar el augurio del padre Jaime y de su madre que «ciertamente sabía», miró a sus nietos y a todos los amigos reunidos para aquella fiesta y no pudo refrenar las lágrimas.

—«Ante mis ojos –dijo apretando la mano de su esposa apoyada sobre la mesa–, es la enésima confirmación: de un mal puede nacer un bien».

Una historia verdadera para demostrar que la gracia de Dios puede iluminar cualquier situación, aun la más oscura y triste. *Basta quererla con todas las fuerzas, basta pedirla con la oración. Sólo así se puede experimentar que del deseo fuerte de combatir el mal con el bien y con el perdón se puede renacer a una nueva vida. He tenido que ver con familias muy probadas por el mal, pero que, buscando obstinadamente el bien, por haber logrado una renovación moral y espiritual han llegado a ser punto de referencia entre sus amigos e incluso en comunidades enteras.*

Por muchos años el padre Cándido exorcizó a una joven mujer sin aparente resultado. Cuando él murió yo continué exorcizándola cada semana. En ese tiempo yo no era muy conocido y lograba reservar el martes por la mañana para este caso particularmente serio. A menudo iba a su casa en una zona cercana a Roma, por la Vía Cassia.

Un día, yendo en automóvil hacia la casa de la mujer, yo estaba particularmente desmoralizado. Con Rosa, que me acompañaba como siempre, hablaba de la difícil situación que iba a afrontar y del hecho de que a pesar del número tan importante de exorcismos no se lograra resolver nada. Es verdad que había tenido un pequeño progreso. Cada vez que era exorcizada se sentía mejor. Pero pasados algunos días, volvía a agravarse, una especie de recarga demoníaca. Tenía fuertes dolores de cabeza que la incapacitaban para hacer cualquier cosa. Debo confesar que a causa de estos pensamientos aquel día yo iba a verla con menos motivación que de costumbre. Naturalmente no hablamos de ello. Después del exorcismo, ella misma espontáneamente se puso a contar: «Padre Amorth, usted en realidad no sabe que en mi familia nadie iba nunca a la iglesia. Pero desde que tengo este problema y los he invitado a la oración para pedir la ayuda de Dios y la intercesión de la Virgen, mis hermanos y sus familias frecuentan asiduamente la iglesia, van a misa, marido y mujer oran juntos».

Estas palabras me hicieron considerar el caso bajo otra luz. Me di cuenta de que en todos aquellos años la unión entre ella y su esposo se había renovado. Parecía mucho más fuerte que antes. Se me había enternecido el corazón. Pensé que a veces con los exorcismos no obtengo nada y luego descubro que las gracias colaterales son mucho más importantes que la liberación del demonio de aquella persona. Sólo hay que tener la humildad de comprenderlo así.

Han pasado quince años desde la última vez que volví a asistirla. Ella sigue yendo donde un amigo exorcista, otro alumno del padre Cándido. Las mejorías prosiguen, pero siempre tiene necesidad de recibir ayuda con los exorcismos y con la oración de todos sus conocidos, que viene a ser cada vez más asidua. La verdad es que muchas veces el Señor puede servirse de una enfermedad o también de una posesión para conceder grandes gracias, que tienen valor para la eternidad y, por tanto, un valor mucho más importante que una curación o una liberación. En Lourdes conocí personas que daban gracias a Dios por su enfermedad incurable. Habían hecho de ellas un instrumento para pedir por la conversión de los pecadores. Nosotros buscamos los milagros de la curación. Vamos a Lourdes por ellos, porque estamos muy ligados a las cosas terrenas, que se pueden tocar, sentir, ver. No logramos despegarnos de ellas. En efecto sucede que el Señor, a veces, quiere acomodarse a nuestra debilidad y nos da la gracia como se la pedimos. Muchas otras veces, en cambio, juzga que para nosotros son mejores otras gracias, no físicas sino espirituales.

Nunca olvidaré el caso de un exorcismo que condujo a que se involucrara toda una parroquia. Se trataba de una chica que tenía un mal maléfico. También ella sufría de fortísimos dolores de cabeza y de estómago, por los que era incapaz de hacer cualquier cosa. Una especie de incapacidad total. Comenzamos con los exorcismos. Los familiares de ella pidieron al párroco que orase. Este involucró a un grupo parroquial, pidió oraciones en la misa dominical y poco a poco toda la parroquia se unió a la causa. Hacían novenas, rosarios, oraciones comunitarias y lograron obtener la liberación después de un par de años. Y cuando se obtiene una liberación en tan poco tiempo, doy saltos de alegría, a pesar de mi venerable edad.

En el país de los juguetes

¿Por quién fue creado el hombre? Si quitamos el principio en Dios ya no comprenderemos nada. Es fundamental que Dios sea reconocido como principio de todas las cosas, de todos los pensamientos, de todas las obras. Si se quita a Dios, de hecho se destruye al hombre, que queda perdido entregado a sí mismo y al relativismo ético.

Este es el problema fundamental: poner o no poner a Dios sobre todas las cosas. Sentirse o no sentirse en todo y por todo dependientes de la gracia de Dios. A *propósito de esto es significativa la historieta de la Araña distraída del escritor danés Johannes Joergensen. Una parábola para niños que hace comprender cuáles son las raíces del pecado y cuáles son sus consecuencias.*

«Era una bella mañana de septiembre. Todos los prados brillaban de rocío y los "hilos de la Virgen", resplandecientes como si fueran seda, ondulaban en el aire. Iban y venían. Uno de aquellos hilos pegó encima de un árbol, y la aeronauta, una arañita negra y amarilla, dejó su ligera navecilla y se posó en el punto más resistente del follaje. Pero aquel lugar no le agradó. Entonces fue a posarse sobre un gran arbusto espinoso. Allí había ramas y brotes en abundancia para tejer en ellos una tela. Y la araña se puso entonces a trabajar, dejando que el hilo largo del cual había bajado, sostuviera la punta superior de la tela.

Era una tela bella y grande. Pero aquella tela tenía algo de particular; se diría que estaba extendida en el vacío sin que fuera posible ver lo que sostenía su borde superior. Porque se necesitan buenos ojos para descubrir el hilo de la araña.

Pasaron días y días. Comenzaron a escasear las moscas y la araña se vio forzada a agrandar su tela. Gracias al hilo de encima, la amplió a lo alto y a lo ancho, y la sutil red se extendió bien pronto por todo el arbusto. Cuando en las mañanas húmedas de octubre pendía cubierta por las gotitas centelleantes, parecía un tul bordado de perlas. La araña estaba orgullosa de su trabajo. Ya no era aquel pequeño y pobre reino que se mecía en el aire ligado a un hilo, sin un céntimo en el bolsillo, por así decir, y sin otro bien en el mundo fuera de sus glándulas productoras del filamento. Ahora era una araña grande y gorda, bien provista, y poseía la tela más grande de todo el arbusto.

Una mañana despertó con un humor terriblemente extraño. Durante la noche había helado un poco y no había ni el más pequeño rayo de sol para alegrar la tierra; ni la más pequeña mosca volaba por el aire. La araña pasó con hambre y desocupada todo aquel día de otoño. Aburrida, dio una vuelta sobre su tela para ver si había necesidad de remendarla. Tiró de todos los hilos comprobando que estuvieran bien firmes. Pero aunque había encontrado todo en regla, siguió de pésimo humor. Después de inspeccionar la red notó, en el borde externo de la misma, un hilo que le parecía totalmente nuevo.

Todos los demás hilos se dirigían hacia acá y hacia allá, y la araña conocía cada ramita a la que estaban ligados. Aquel hilo «inexplicable» no estaba ligado a ninguna parte, y se elevaba directamente en el aire. La araña se empinó en sus patas y se puso a mirar hacia arriba con todos sus ojos, pero no logró percibir dónde terminaba. Mientras más miraba fijo sin poder llegar a nada, más se enfurecía.

Había olvidado que en un sereno día de septiembre ella misma había bajado por aquel hilo, tampoco recordó cuán útil le había sido precisamente aquel hilo para tejer y luego agrandar su tela. Se limitó a pensar que era un estúpido hilo que no servía para nada, que no se unía razonablemente a ninguna pared, y que solamente estaba en el vacío. Se decidió y con un solo mordisco lo cortó por en medio. En el mismo momento la tela cedió. Toda aquella tela tan artísticamente fabricada se derrumbó. Cuando la araña volvió en sí, se encontró yaciendo sobre las hojas del arbusto, con la cabeza envuelta en su tela, convertida en un pequeño y húmedo envoltorio. Un solo instante había bastado para destruir la magnificencia de su casa, solamente porque no había comprendido la utilidad de aquel hilo».

De modo que el hombre es la causa de su propio mal. Y la intervención diabólica es explicable en aquel estado de inquietud que invade a la araña en el colmo de su éxito. Pensando en las fábulas viene a la mente una de las obras maestras absolutas de la literatura mundial, *Pinocho* de Collodi. Toda la vivencia humana se encierra en aquel sencillo relato, del que varias veces se ha hecho una lectura teológica. Basta pensar en Geppetto como Dios creador, en Comefuego como Satanás, en el hada Turquina como la Santísima Virgen, etc. Pinocho es evidentemente un hombre como todos nosotros. No es malo pero está siendo acechado por el mal, corrompido por las malas compañías, engañado por las distintas tentaciones. Y es fácil pensar en el país de los juguetes como engaño real de nuestro tiempo, si se comentan tantos lugares análogos de la literatura: por ejemplo el país de Bengodi que engaña al ingenuo de turno en el *Decamerón* de Boccaccio; o en *la sugar candy mountain* que engaña al pueblo entero en *La granja de los animales* de Orwell. Son los lugares donde se llega con el espejismo de la diversión total. *Lejos de Dios y de las enseñanzas de aquel que nos ama, nos enajenamos en la absoluta falta de referencias morales y terminamos perdiendo la propia humanidad, arriesgando incluso el pellejo, como Pinocho, nuevo Jonás, en el vientre de la ballena, y con él nuestra alma. En ese punto sólo el recurso a la ayuda misericordiosa de María nos puede volver a elevar a la plenitud de nuestro ser de haber sido creados hombres, es decir, creados a imagen y semejanza de Dios.*

Dios es el principio. Si se quita el principio tampoco el fin tiene sentido, todo se derrumba. Sin él la única existencia posible está en la desesperación o en el homo homini lupus *(el hombre, lobo para el hombre). Esto vale también para todas las grandes conquistas de la humanidad. Si se quita a Dios nada cuenta. Pensamos en los tres principios de la revolución francesa: libertad, igualdad y fraternidad. Los tres juntos son la base del cristianismo y de la enseñanza divina. Quitado Dios, han producido millones de muertos. Análogamente, cuando a los principios cristianos se les quita Dios, es decir, el que los anima, todo es eliminado. Quedan como simples fundamentos antropológicos, humanitarios con la consecuencia de que pueden producir injusticias y desastres.*

Una vida de muerte

La conclusión que surge de este análisis es que por encima de cualquier otra cosa, hay necesidad de Dios. Una extrema necesidad de Dios. El individuo necesita de Dios, la familia necesita de Dios, la sociedad necesita de Dios. Pío XII, con una lectura moderna de la sociedad actual, sostenía: «El mayor pecado de nuestro tiempo es que el hombre ha perdido el sentido del pecado». Dejando de lado a Dios, se vuelve insensible al pecado y los límites entre bien y mal, entre justo y equivocado, incluso entre humano e inhumano, cada vez se van esfumando más.

Una reciente campaña publicitaria contra el pésimo hábito de abandonar a los animales domésticos es en cierto modo emblemática. En las imágenes y en las expresiones que se emplean, el actuar del ser humano era asimilado al del animal. Para decir que los hombres se comportan como las bestias y que los animales, como sostienen muchos defensores de animales, son mejores que los hombres. El problema es que la misma sociedad que se lamenta por el abandono de un perro, genera cada día millares, millones de eventos que tienen como consecuencia primaria la destrucción de la naturaleza. Y es esta misma sociedad la que no se indigna, y hasta juzga políticamente correctas las justificaciones que se dan a favor de la eutanasia. Y espontáneamente surge la pregunta de por qué motivo el mismo empeño de lucha y de gastos publicitarios contra el abandono de los animales no se realiza en relación con el abandono de los ancianos. Los perros terminan en las perreras, los ancianos en los asilos y a veces la diferencia es poca. Y siempre se encuentra algún personaje de la farándula que defiende la causa de los animales. La finalidad es noble, incluso cristiana, pero no hay, y mucho menos en el mismo contexto, alguien que públicamente defienda los sentimientos de un hombre abandonado.

Es la pedagogía *decadente que orienta el modo de actuar de gran parte de los medios de comunicación. Son las paradojas a las que lleva la deliberada renuncia a toda referencia espiritual. Y no vale siquiera la común distinción entre buenos y malos. Lo que verdaderamente constituye la diferencia es si ponemos nuestra vida en manos de Dios. Pensamos en la terrible plaga de la supresión de los niños en el seno materno. Los abortos registrados se calculan en 32 millones al año. Una cifra de locura. Una forma de autodestrucción masiva que la sociedad ha aprendido fácilmente a justificar, encajándola en la categoría de lo políticamente correcto. Piénsese en la píldora del día después, en la píldora para el llamado aborto químico, la RU 486, en las muchas explicaciones que se dan sobre el hecho de que los fetos no sufren porque no son propiamente seres humanos. Palabras que dejan inalterada la esencia de fondo: se es ser humano dotado de alma, creado a imagen y semejanza de Dios desde el momento de la concepción. «El Ángel del Señor anunció a María y ella concibió por obra del Espíritu Santo... Y el Verbo se hizo carne y habitó entre nosotros». «En cuanto Isabel oyó el saludo de María, el niño saltó en su vientre. Fue llena de Espíritu Santo y exclamó en voz alta: "Bendita tú entre las mujeres y bendito el fruto de tu vientre. ¿Cómo es que la madre de mi Señor viene a mí?"» (Lc 1,41-43). Ciertamente María e Isabel no se habían enviado un SMS, no habían intercambiado entre ellas un e-mail o una llamada telefónica. Quitarle la vida a un feto es matar a un ser humano.*

Dios es el Dios de la vida, Satanás, al rechazar a Dios, está a favor de la muerte. Y en todo lugar donde hay muerte, está su acción. «El pecado está a tu puerta como el demonio en acecho. Este se esfuerza por conquistarte pero tú lo debes dominar» (Gén 4,6). La muerte ha entrado en el mundo a causa del demonio que ha convencido al hombre para traicionar, como él, el proyecto de Dios. Un concepto que está en la base de la enseñanza cristiana y no se puede olvidar: «Si coméis, moriréis». Cristo vino para vencer la muerte, de otra manera nunca resucitaríamos corporalmente y la separación del alma y del cuerpo es una cosa no natural. Nosotros somos imagen y semejanza de Dios en nuestra totalidad de alma y cuerpo.

La primera victoria de Cristo es la victoria sobre la muerte. La segunda es sobre la disolución de la carne. La tercera victoria es la reapertura de las puertas del paraíso, a cuya guarda habían sido puestos los ángeles después de la expulsión del jardín del Edén. Cristo resucita de entre los muertos, baja a los infiernos y nos devuelve la esperanza del paraíso y entrega sus llaves a Pedro: ya no hay ángeles como guardianes, sino un hombre a la puerta para acoger. Un signo de disponibilidad inmenso. Un camino abierto para la salvación. Es lógico que el diablo haga todo lo posible para interferir en aquello que se presenta como su derrota.

Dios nos ha creado para la vida eterna, el diablo ha traído la muerte, Cristo ha triunfado sobre la muerte. Si quitamos a Dios de nuestra vida, el destino que nos espera es el diablo, la perdición, el infierno, es decir, la lejanía definitiva de Dios y, por tanto, la muerte. Si acogemos a Dios en nuestra vida, como María en su seno, nuestro destino está en la eternidad del gozo. «La vida –explicaba Orígenes– es una batalla en la cual combaten los soldados de Satanás y los soldados de Dios». Tarde o temprano, añadía: «Un hombre dotado de razón» deberá escoger de qué parte estar. Muchos siglos después un ex-militar como Ignacio de Loyola en los *Ejercicios espirituales* hará célebre el mismo concepto indicando para cada uno de nosotros la necesidad de escoger entre las «dos banderas».

Un razonamiento elemental. Pero de hecho parece que el hombre está en la constante búsqueda de caminos de huida hacia la muerte. Hay dos epitafios de la bellísima *Antologia di Spoon River* que representan a la perfección, aunque en diferentes niveles de perversidad, el deseo humano de explotación y de muerte. En la lápida de John Ghurch se lee: «Yo era procurador de la compañía de seguros que protegía a los propietarios de la mina. Tramaba con el juez, el tribunal y las altas cortes para pisotear el derecho de los infortunados, de las viudas y de los huérfanos. La asociación de abogados cantó alabanzas en un elaborado discurso. Y los homenajes fueron muchos, pero ahora, después de mi muerte, a la hora de rendir cuentas, los ratones me devoraron el corazón y una serpiente ha hecho su nido en mi cráneo».

Una carrera tan desenfrenada como inútil hacia el poder y el dinero. Así como resulta inútil por su misma admisión, la perversidad diabólica del difunto Robert Davidson: «Yo crecí espiritualmente alimentándome de las almas de la gente. Si veía un alma fuerte, le hería su orgullo y devoraba su fuerza... Cada vez que podía ampliar mi poder destruyendo la ambición, lo hacía y de este modo facilitaba la mía. Y el triunfo sobre las demás almas, solamente para afirmar y demostrar como superior mi fuerza, era para mí un gozo, el fino placer de la gimnasia del alma. Devorando almas debí vivir eternamente. Pero después, una nefritis...».

La historia está llena de efectos mortíferos causados por el demonio. Cuando se llega a excesos de perfidia y de maldad no humanamente explicable con la normal lógica de los sentimientos, quiere decir que allí una fuerza extrahumana ha arrastrado a tales excesos. El holocausto, las purgas estalinistas, la trata de los esclavos, las madres que matan a sus hijos, los padres que exterminan a su familia y luego se suicidan... También hay muchos episodios que se remontan al pasado lejano, antes del cristianismo, que no se pueden explicar sin tener presente la influencia de un ser que Pablo VI definió como «perverso y pervertidor», que impulsó y trabajó para que sucedieran tales cosas.

Pensamos en la trata de los esclavos. Una de las páginas más negras de la humanidad, en la cual por dinero se involucraron incluso muchos personajes importantes, en diversas épocas. El pueblo africano fue destrozado como la túnica de Cristo entre las grandes naciones occidentales, el mundo árabe y el turco. Pero no sólo en África. También muchos pueblos asiáticos conocieron la deportación como esclavos.

Es interesante desde este punto de vista el papel de una gran santa de nuestro tiempo como Josefina Bakhita... *Tuve la fortuna de conocerla siendo niño, porque había venido a contar su historia en mi escuela. Desde aquel día su recuerdo quedó imborrable en mí.* Africana del Sudán, siendo niña fue raptada por traficantes árabes, quienes la vendieron a un general turco. Desde aquel momento comienza para ella una historia de abusos y de violencias hasta que el cónsul italiano en Sudán decide rescatarla y llevarla a Italia, confiándola como niñera a un amigo suyo véneto. Allí Bakhita conoce a Cristo, manifiesta su firme voluntad de seguirlo, se hace hermana Canosiana y en su vida de santidad transforma el odio y las violencias padecidas en una fuente inagotable de amor. Perdona a todos, incluidos sus raptores y a aquellos que la habían vejado bárbaramente: «Quisiera abrazarlos, besarlos y agradecerles porque sin ellos jamás habría podido conocer a Jesucristo».

Gracias a esta disposición hacia Jesús, una insignificante esclava africana, una humilde hermana sin ninguna instrucción, llegó a ser una fuente inagotable de amor para los millones de personas que en todo el mundo se acogen a su intercesión sin distinción de razas, culturas ni religión. La hermana sudanesa es quizá el único ejemplo de santidad capaz de servir de puente con el mundo musulmán, como también entre Occidente y el África negra. Para ella el odio y el abuso se vencen con el amor, la muerte con el gozo de vivir. Inspirada por Dios, como ella misma lo afirmó siempre, recorrió desde niña, sin saberlo, el único camino que existe para vencer a Satanás y a todo el mal que nos asedia en el camino de nuestra vida terrena. Es el milagro que encontramos en la narración de Domingo: si confiamos en el Señor, el mal se transforma en bien.

Aquel que quiere la muerte

«Un día, al salir de la celda san Francisco en fervor de espíritu y yendo a ponerse en oración allí cerca, en la concavidad de una roca, situada a una gran altura sobre un horrible y espantoso precipicio, se le presentó de pronto el demonio, acompañado de un fragor y estrépito enorme, con aspecto terrible, y lo golpeó, empujándolo para hacerlo caer en el precipicio. San Francisco, viendo que no tenía escapatoria posible y no pudiendo soportar la feroz prueba del demonio, se volvió rápidamente adhiriéndose a la roca con las manos, con la cara y con todo el cuerpo, mientras se encomendaba a Dios, buscando a tientas con las manos algo en lo que poder agarrarse. Pero Dios, que no permite nunca que sus siervos sean tentados más allá de sus posibilidades, hizo que en aquel momento la roca a la que se había arrimado cediera, tomando la forma del cuerpo y protegiéndolo, y como si hubiera puesto las manos y la cara sobre una cera líquida, quedó impresa la huella de la cara y de las manos en la roca. Y así, con la ayuda de Dios, pudo librarse del demonio»[2].

Son muchas las experiencias de los hombres de Dios expuestos por el demonio frente a la muerte. Alguno de ellos fue duramente probado incluso con la tentación del suicidio. Me viene a la mente el caso del siervo de Dios padre Semeria, cuando era capellán militar en el frente, en la primera guerra

[2] San Francisco de Asís, *Escritos y Biografías. Documentos de la época*. Consideraciones sobre las llagas, 2, BAC 399, 2000[8], 905.

mundial. Después de los primeros meses de combates, impresionado por la sangre y por la ferocidad humana, marcado por una paralela vivencia de persecución en su contra por parte de ciertos ambientes eclesiásticos, se derrumba física y psicológicamente bajo el peso de un sentimiento de inutilidad y de un cierto sentido de culpa por sus antiguas posiciones patrióticas e intervencionistas. Un recorrido, desde este punto de vista, similar al de muchos sacerdotes italianos de la época, entre los que se recuerda con gusto al padre Primo Mazzolari.

Devastado por la depresión, Semeria es socorrido por los amigos y llevado a curarse a Suiza. Allí padece un verdadero Getsemaní: el horror por la sangre derramada, el peso de sus culpas, la fe que vacila y que al mismo tiempo le da la fuerza para continuar. Por temor a gestos desconsiderados, de inmediato se le priva de la pistola de dotación. Él mismo cuenta haber sufrido varias veces la tentación del suicidio y haber vagado noches enteras por las vías en espera de ser arrollado por un tren. Después, poco a poco, con la ayuda de los amigos y de la oración, la gracia divina vuelve a hacer brillar sobre él la lámpara de la fe. El Semeria que sale de allí es un hombre nuevo, totalmente entregado a Dios y a las necesidades del prójimo, totalmente encarrilado por el camino de la cruz y de la santidad.

El diablo es el que quiere la muerte, quien ha construido para sí y para sus amigos un reino de muerte. No es casual que las sectas satánicas practiquen sacrificios humanos para celebrar a Satanás, para certificar la unión con él por parte de sus adeptos. Del mismo modo, en las misas negras celebradas sobre el cuerpo sexualmente humillado de una mujer es evidente el desprecio por la vida y su concepción. El demonio busca el final, que es la muerte, con el objeto de lograr la condenación eterna. La muerte entendida como destrucción de la vida.

Grandes obras del diablo son las guerras. El diablo fomenta las guerras, así como fomenta la cultura de la muerte que conduce al aborto y a la eutanasia, y la cultura de la no vida que produce un número cada vez mayor de parejas que toman la opción de no tener hijos. Están luego los asesinos, que escogen la profesión de dar muerte, los terroristas y los kamikazes que hacen de la muerte un instrumento de lucha religiosa, ideológica o política.

La destrucción de las torres gemelas de Nueva York –aquí el padre Amorth no oculta un gesto de horror– *debe interpretarse como una gran obra del diablo. Para él es una especie de manifestación de poderío. No porque adquiera poderío al hacer el mal, sino porque el mal y la muerte son la expresión de su oposición a Dios. La muerte es la realización de su personalidad de negador de la vida, de su odio para con todo lo que es amor y criatura. Odia a Dios hasta el punto de odiarse a sí mismo.*

Una característica terrible que se desborda sobre todos los que lo siguen. Una voluntad de destrucción que se ejerce constantemente, en la vida diaria, en el esfuerzo por destruir las familias, la sociedad civil, las naciones. *¡Cuántos pueblos y comunidades de creyentes son constantemente amenazados de genocidio, cuántos son forzados a huir de sus tierras!* Nos vienen a la mente las masacres de Ruanda y de Sudán, las represiones en el Tíbet y en la ex Unión Soviética, los repetidos ataques de que ha sido objeto el pueblo kurdo, las persecuciones y asesinatos de cristianos en África y en Asia. Sólo para mencionar algunos ejemplos de los últimos decenios, porque si vamos hacia atrás en los años y en los siglos, la lista sería interminable. *Donde hay asesinato y exterminio está siempre la acción del diablo. Las guerras siempre son suscitadas, inspiradas por el diablo. Y es tan cierto, que incluso los maleficios están casi siempre marcados por esta perversa búsqueda de la muerte.*

Un día me visitó un médico. Se levantó la pernera de los pantalones para mostrarme sus piernas, las cuales estaban cubiertas de una gran cantidad de cicatrices de intervenciones quirúrgicas. Entonces comenzó a contarme su historia. Su padre, calabrés, había decidido graduarse en jurisprudencia a pesar de que su madre le había impuesto el hacerse sacerdote. Él no sentía la vocación, pero al no lograr convencer a la madre de que su camino era distinto al del sacerdocio, se vio obligado a irse de Calabria. Se casó, llegó a ser un abogado importante, tuvo varios hijos, pero siguió sufriendo por el desacuerdo con su madre y ella siguió albergando un enfado en contra de él. A pesar de todo, las cosas siguen adelante de la mejor manera. Un día en la familia le hacen una fotografía al hijo menor, el que luego se hará médico. Es una imagen especialmente linda en donde el niño, de ocho años, aparece con unos pantalones cortos, según la moda de la época. El abogado piensa que la dulzura y la ternura de aquella imagen puede incidir positivamente sobre los sentimientos de su madre y, por tanto, decide enviarle a la abuela la foto del nietecito.

Lo que sucede es devastador. En una carta, la madre responde a aquel tierno intento de reconciliación con solo dos frases de una maldad absoluta:

—«Las piernas de este niño sean atormentadas por siempre con enfermedades. Si vuelves a tu casa en Calabria, morirás en el lecho en que naciste».

El niño crece y comienza a mostrar en las piernas molestias que se agravan con los años. Las intervenciones quirúrgicas son frecuentes. El abogado, quien sufre por la maldición de su madre, se dirige a unos exorcistas. Entretanto muere la madre del abogado. Él, recordando la maldición, prefiere no ir al funeral. Después de algunos años también muere su gran amigo de infancia. Entonces el abogado, que no había vuelto a su tierra, por invitación de la mujer de su amigo, decide que es justo ir. Naturalmente su firme intención no es poner los pies en la casa de sus padres. Viaja en tren. En cuanto llega a su tierra sufre un grave desvanecimiento. No recobra el conocimiento. Los amigos, que no saben nada de su historia, lo auxilian, y naturalmente, lo llevan a casa de su padre. Al llegar la noche muere, precisamente en el lecho en que había nacido.

Una historia increíble que confirma algunos aspectos fundamentales relativos a los maleficios de los que ya hemos hablado. *Muchas veces el efecto maléfico continúa incluso después de la muerte de quien ha hecho el maleficio. A veces los maleficios son tan fuertes que los exorcismos no tienen efectos decisivos sobre ellos. Además se confirma la verdad fundamental de que el diablo es siempre el que quiere la muerte: la del alma o la del cuerpo, si no ambas.*

Lejos de Dios el bien es un engaño

A lo largo de la Biblia se nos presenta desde el principio al diablo como opositor de Dios y como tentador del hombre, interesado en su caída. En el evangelio Jesús nos muestra que expulsa a los demonios en los casos de posesión. En varios puntos de la Escritura se habla también de otros males diabólicos, que se manifiestan con influencias negativas en el actuar y en la vida de los hombres. Un principio que es subrayado también por el concilio Vaticano II en el número 37 de la *Gaudium et spes*: «Toda la historia humana está impregnada por una lucha tremenda contra las potencias de las tinieblas. Lucha que comenzó desde el origen del mundo y que durará, como dice el Señor, hasta el último día».

Por medio del pecado el diablo trata de llevar al hombre lejos de Dios para conducirlo al infierno. Conoce a la perfección nuestros puntos débiles. Por lo demás, todo hombre nace con la culpa original. Ya somos personas heridas por el pecado. Lo llevamos dentro, como si estuviera escrito en nuestros genes. Tenemos tendencias naturales negativas que no vienen directamente del demonio, sino que son parte intrínseca de nuestra naturaleza. Tendencias que deben ser refrenadas si queremos vivir en comunidad y construir relaciones estables. El diablo se aprovecha de estas tendencias. Nos invita constantemente a desenfrenarlas, haciéndonos creer que sólo así podemos alcanzar nuestra realización y nuestra libertad.

Una actuación que se hace evidente en la sociedad. En el modo como se ha organizado y como ha evolucionado cultural-

mente. Ha habido un progresivo afirmarse de teorías psicológicas, psicoanalíticas y filosóficas según las que un ser humano si quiere ser realmente él mismo, si quiere afirmar su propia personalidad, debe liberar sus propios impulsos, no debe controlarlos o reprimirlos, como se prefiere decir normalmente, con un término a propósito negativo. El autocontrol está bien sólo para lo que se considera políticamente incorrecto. Un límite que constantemente se va poniendo más adelante a medida que pasa el tiempo y la sociedad se va acostumbrando a las «últimas conquistas morales de la modernidad». Por lo tanto, vía libre a todo lo que tiene que ver con las costumbres sexuales, con las prácticas de control de la natalidad, la afirmación puramente egoísta del propio yo, la diversión y el hedonismo desenfrenado, el arribismo en el trabajo y en la política, el consumismo hasta donde llegan nuestros bolsillos y aún más allá, con familias enteras arruinadas por gastos locos y deudas adquiridas sólo por el espejismo de vivir por encima de las propias posibilidades.

Mencionábamos nuestras debilidades y las correspondientes tentaciones. *La Sagrada Escritura es bastante clara y lo hemos visto en numerosos testimonios: siempre y en todas las circunstancias tenemos los instrumentos para vencerlas. Al mismo tiempo resulta claro que el hombre que renuncia a la cercanía de Dios no logra resistir, porque no tiene ningún motivo realmente válido para hacerlo, o para ser más precisos, no tiene una conveniencia superior. Por esto es por lo que el diablo siempre busca apartarnos de Dios y de una vida de oración. Por esto busca hacernos encontrar compañías, amistades que nos conducen lejos. A veces se sirve incluso de la invitación a acercarnos a otras prácticas religiosas, aunque sea sólo por conocerlas, por simple curiosidad.*

Sobre este tema habría espacios inmensos para iniciar un debate específico, son tantos los matices, los diversos grados de las tentaciones unidas a la experimentación de otros cultos. En especial de la multitud de prácticas ligadas a las filosofías orientales, cuya lógica principal está bien lejos de la verdad que está en Jesucristo, tanto que, por ejemplo, todas remiten a la creencia en la reencarnación.

En los últimos decenios la llamada Nueva Era ha difundido ampliamente estas teorías. *Pensamos en el Reiki, que se basa en la divinización del hombre, que domina las fuerzas naturales y las utiliza. También la teoría de los chakra es contraria a la fe cristiana y peligrosa porque abre mundos ocultos, donde es muy fácil encontrarse con el maligno. En este punto siempre soy severo en el juicio, porque a través de los chakra realmente se pueden abrir las puertas del abismo. Y casi nunca los que se someten a estas prácticas tienen una verdadera conciencia de esto. Ciertamente no es casual que, por ejemplo, tanto en el Reiki como en la llamada apertura de los chakra, se invoquen fuerzas misteriosas utilizando fórmulas y palabras cuyo significado real se mantiene a menudo oculto, incluso al maestro que las pronuncia.*

En estos años muchos han intentado llevar a Cristo a estas cosas, tratando de separar las prácticas de las teorías y de las filosofías religiosas que las inspiran. El peligro es que más bien suceda lo contrario, como a menudo he podido ver. Y mucho más, en un período en que la gente está especialmente desorientada precisamente en la capacidad de distinguir entre el bien y el mal. En efecto, cada vez que se da la mezcla entre cristianismo y creencias orientales, se producen daños enormes.

En estos casos se muestra evidente la acción del diablo, que trabaja para alejar de Cristo. Ha sucedido, por ejemplo, cada vez que en la Iglesia se han suscitado las herejías. La idea inicial parecía buena, renovadora; luego, en cambio, ha producido alejamiento de la comunión, de la verdad que está en Jesucristo. *Siempre pongo de ejemplo el caso de los sacerdotes obreros, el cual conocí en mi juventud. Su intento de vivir con los obreros compartiendo su trabajo en las fábricas, estar más cercanos y comprender sus auténticas necesidades, si bien era positivo en algunos casos, a menudo se tradujo en un alejamiento del sacerdote de la comunión eclesial y en un acercamiento a Carlos Marx.*

Mencionábamos la reencarnación. Las filosofías orientales sostienen que el hombre, una vez muerto, se reencarna, vive una nueva vida. No necesariamente se vuelve otro hombre, sino que puede convertirse en un animal, una planta, en una especie de recorrido circular que se repite, muerte-reencarnación, que tiene como objetivo último la anulación del yo, de la persona, a favor del retorno a la nada, totalmente privado de relaciones, que se denomina nirvana y constituye la verdadera liberación.

Algo muy alejado de la concepción cristiana de la muerte y de la resurrección, donde la persona no se anula, sino que se realiza plenamente en el plenamente realizado. Si por una parte la liberación es la anulación de relaciones y sentimientos, por otra se realiza en el amor que por su esencia es relacional. Como explica Benedicto XVI en una reflexión contenida en el libro *Imágenes de esperanza:* «La alternativa cristiana al nirvana es la Trinidad, aquella unidad última en que el yo y el tú no desaparecen al estar el uno frente al otro, sino que se compenetran íntimamente en el Espíritu Santo... Dios no creó a la persona para que sea anulada, sino para que se abra en toda su altura y en su extrema profundidad, allí donde el Espíritu Santo la abraza y es la unidad de las diferentes personas».

Un camino que nos indica Jesús en la cruz. Porque, como se explica en la misma obra, la cruz abraza al mundo y tiene sus raíces en este. Sobre todo «de la cruz el mundo saca su movimiento hacia lo alto, hacia la libertad y la amplitud de las promesas de Dios. La cruz realiza una nueva dinámica: así se rompe el círculo que gira vana y eternamente alrededor de lo siempre igual, el inútil movimiento del eterno retorno. La cruz que atrae hacia lo alto es el gancho con que Dios levanta al mundo entero hacia su altura. Ahora la línea de la historia y de la vida humana ya no es circular, ahora ella sube: ha recibido una meta y sube con Cristo hacia las manos de Dios».

Esto es lo que distingue al cristianismo de las filosofías que se inspiran en la reencarnación. Y no puede en modo alguno considerarse trivial. En esta diferencia, en efecto, está contenido el amor exclusivo que Cristo tiene por cada ser humano, entendido en su unicidad y totalidad, porque ha sido hecho a su imagen y semejanza. En ella está encerrada la diferencia entre la vida eterna y la anulación eterna, entre lo que une y lo que separa, entre el amor de Dios y el engaño del diablo. En síntesis, no se puede de manera alguna ser cristianos y creer en la reencarnación. Y precisamente respecto al amor, la religión cristiana es la única que predica la caridad, el perdón, la misericordia. Puede haber alguien que predica la paz, otro que predica la no violencia. No hay ninguno que proponga como modelo el perdón y la misericordia en el sentido activo del término, a saber, de movimiento concreto hacia el otro, del yo hacia el tú, para seguir la reflexión de Benedicto XVI.

Esta es la cotidianidad moral del cristianismo. El movimiento del yo hacia el tú, por ejemplo, está en el origen de la familia y nosotros los cristianos sabemos bien que una familia no puede seguir creciendo en el amor, si el perdón no llega a sanar las disputas de raíz. Sin el ejercicio diario del perdón, sin el recíproco movimiento del yo hacia el tú, las parejas se destruyen, el amor es un engaño.

El aborto, una conquista del diablo

Es uno de los triunfos de Satanás el haber hecho que también las naciones católicas hayan aceptado la ley del aborto. Hacer que sea legal, aún más, en ciertos casos una cosa laudable igualmente necesaria, el asesinato del más indefenso de los seres humanos: nada más perverso. Y para poner en paz las conciencias se ha llegado incluso a establecer la hora y el día antes del cual aquel niño no es un niño sino sólo un amasijo de células. Carne de carnicería como la que se ha quemado en los hornos crematorios, como la de los esclavos explotados hasta la muerte por intereses personales, como la de los soldados mandados a morir con absoluta certeza en las batallas de la I Guerra mundial. Un trabajo de extravío de las conciencias fundado en el engaño que contrapone la vida de un ser humano a la libre elección de las mujeres; que somete la vida inalienable de un ser humano, su derecho a tener y construirse un futuro, al poder y al querer de otro ser humano a quien no se le puede someter a juicio; que establece que la vida de un feto no es verdadera vida hasta los noventa días de existencia, sino a partir del día siguiente. Un engaño tan malicioso como evidente y claro. Basta pensar en el preámbulo de la ley, en el cual se afirma que la vida debe protegerse: «El Estado garantiza el derecho a la procreación consciente y responsable, reconoce el valor social de la maternidad y tutela la vida humana desde su comienzo».

Es el delito más grande de nuestra sociedad, por el simple hecho de que ha sido legitimado. Una clara contradicción si se consideran las justas motivaciones que mueven a pedir la moratoria internacional de la pena de muerte. Está escrito que «cualquiera que mate a Caín sufrirá la venganza siete veces» (Gén 4,15), *pero aun antes está escrito que nadie debía haber matado a Abel, el inocente: «La voz de la sangre de tu hermano grita a mí desde la tierra»* (Gén 4,10). *Se asesina a un gran número de niños con un cinismo sistemático. Las investigaciones científicas han probado que para aquellos pobres fetos es un sufrimiento, tienen conciencia de la muerte, se retraen, se contraen, quisieran huir.*

Hay que temer frente a semejante acumulación de pecados. La misericordia de Dios es infinita, pero cuando los pecados se acumulan y se concentran cada vez más, las conciencias y las sociedades enteras se endurecen, se enorgullecen, y ya no reconocen sus errores.

Con frecuencia se presenta como justificación el caso de la chica demasiado joven para convertirse en madre en una sociedad como la nuestra, donde en esa edad hay que pensar sólo en divertirse, y después, cuando les parezca, se casan, pasados los treinta años. Aparte de la superficialidad del razonamiento, que, aunque a menudo no explícitamente, contrapone la diversión a la vida de un ser humano, puedo decir con absoluta certeza, a la luz de mi experiencia, que el aborto es un pecado que la mujer difícilmente llega a perdonarse a sí misma. Siempre he tenido gran dificultad con las mujeres que se han arrepentido de haber asesinado a su hijo en su seno. ¿Cómo puede restituirse lo que no es restituible? Con ellas se comienza un recorrido. Durante toda la vida hacen oraciones de arrepentimiento, oraciones por aquellos que las han movido a hacerlo, actos de caridad para expiarlo. Pero muchas no logran siquiera superar el trauma. Y la falta de perdón para consigo mismas es otro pecado que a menudo conduce a la depresión, si no es a la locura, al suicidio, a la muerte.

Recuerdo los últimos días de vida de una mujer obsesionada por la visión de trece rostros de niños. No lograba soportar el pensamiento de sus trece abortos. Y no se crea que es un caso aislado debido a la reiteración del acto. Naturalmente, sucede también lo contrario: después del segundo y del tercer aborto, matar puede convertirse en costumbre. Más o menos como les pasa a los asesinos. Durante años he tenido que acompañar espiritualmente y con exorcismos a una chica casada. Deseaba tener hijos, pero cuando quedó encinta se consideraba demasiado joven y quería todavía divertirse. Encontró un médico que la convenció de abortar. Tal como el demonio, se le insinuó en la conciencia, la indujo a darse justificaciones preconcebidas, a encontrar excusas para lo que estaba por hacer, a decirse a sí misma que en el fondo todavía no se trataba de un niño, que ciertamente no era la primera mujer que lo hacía, que para ella no habría consecuencias, no sentiría dolor y que nadie se daría cuenta. Un encuentro devastador.

Muchas veces son los familiares, los novios, los maridos quienes convencen a las mujeres. Sobre las conciencias de estas personas recae el peso enorme de la instigación al homicidio, para las madres que lo han cometido, a menudo es la desesperación. Y para comprender cuál puede ser el sufrimiento de estas mujeres basta leer algunos de los millares de publicaciones, pequeñas y grandes, que aparecen en todo el mundo, en que las madres que han abortado cuentan su experiencia y cuán difícil es para ellas, aun dentro de un proceso de fe, recuperar la serenidad, la dignidad, la salud mental, el valor de pedir el perdón y de perdonarse, de mirarse en el espejo o de mirar a la cara a su propia familia.

Palabras como pedradas que resuenan todavía en la sala cuando el padre Gabriel se levanta para ir al escritorio donde con un moderado desorden se encuentran diversas publicaciones. Toma cuatro o cinco libritos y me los ofrece. Son historias de mujeres que han querido contar su inmenso dolor. *De la ilusión a la verdad*; *Morí con mi hijo*; *He encontrado el perdón*, son algunos de los títulos. Los tomo, los hojeo brevemente. De la página 33 de un folleto amarillo, leo en voz alta: «...El médico me puso la anestesia. Cuando desperté ya no era la misma. Mataron aquella criatura y con ella morí yo».

El aborto legalizado es una auténtica conquista del diablo. La pastilla Ru es un terrible engaño: envenena y mata al niño. El médico, que por profesión debe curar, actúa para matar, usa las medicinas para asesinar. A la píldora Ru le dieron el nombre de fármaco, pero un fármaco sirve para curar, para aliviar el sufrimiento, no para asesinar. Estamos frente a uno de los muchos casos terribles en que se usa una palabra, una estratagema, una construcción filosófica para justificar o facilitar el asesinato o cualquier pecado grave. En este ámbito entra la indiferencia de la gente frente a las cosas más graves y atroces...

Pero no sólo está el aborto. No sólo es la indiferencia de quien en vez de ayudarte a salvar una vida se hace cómplice de su asesinato. No son sólo los asesinos quienes se valen de pistolas, fármacos, bombas y cuchillos. Hay muchos modos de matar que a menudo ni siquiera se consideran tales. Auténticas artimañas diabólicas. *Se puede matar a una persona también psicológicamente. La casuística en este caso es infinita. Se puede criticar a alguien delante de todos, causándole gran malestar a causa de la vergüenza. Con las armas de la denigración se puede impedir a una persona caminar con la cabeza en alto, se la puede matar afectiva y moralmente ante sus familiares, se la puede privar de autoridad frente a sus hijos. Aun peores resultados se obtienen con la calumnia, con la maledicencia. Y la primera Carta de san Juan es rigurosa a este respecto: «El que odia a su hermano es un homicida».*

Realmente es difícil afirmar que muchos de estos casos no son verdaderos homicidios. Hay hombres y mujeres a quienes se ha negado enteramente la vida por medio de violencias físicas o psicológicas. A menudo, y es aún más terrible, se llega a provocarles la tentación del suicidio: matarse corporalmente para escapar a quien te está matando en el alma. Un homicidio para borrar otro homicidio. Y luego hay gran cantidad de personas que escogen suicidarse lentamente, en el espíritu, sofocando todos sus afectos, sus aspiraciones, sus impulsos. Vidas sin alegría y sin esperanza. El triunfo del demonio, oculta al hombre la misericordia de Dios, su infinita bondad, su perdón, la disponibilidad para acoger a todos. Sin embargo, si se opta por la fe, se siente gran satisfacción cuando uno se pone en manos de la divina Providencia.

En la raíz de todo está siempre un pecado de orgullo, de soberbia. Tanto en el que hace el mal como en el que lo sufre y no ve caminos de salida. Y hay quienes se habitúan al mal, hay quien hace el mal y quisiera seguir haciéndolo, nunca se sacia de hacerlo. Hay asesinos profesionales, los asesinos en serie y los que se convencen de que es justo matar, que hay fines religiosos o morales que justifican el asesinato. Y el demonio siempre está allí para incitar, para convencer de que el mal en todo caso no es tan grave, que no vale la pena hacer el bien porque de todos modos siempre hay alguno preparado a hacerte el mal... Si en el fondo del alma quedan restos de moralidad, enseñanzas recibidas cuando niño que todavía oponen resistencia en el camino del pecado, es suficiente insinuar que se trata de cosas ya superadas, puritanas, totalmente inútiles, porque la vida, la verdadera vida es una cosa distinta...

Un trabajo de sometimiento y de homologación que con frecuencia es realizado por distintos tipos de personas, pero sobre todo es fruto del ambiente en que se vive. Una sociedad enferma genera hijos enfermos, instituciones enfermas, malos maestros, expertos en el arte de convencer. *La corrupción actúa en profundidad. Pensemos en los referéndums sobre el aborto y el divorcio. La acción envolvente y engañosa del demonio ha actuado en muchos católicos, que han votado según razonamientos articulados más o menos de esta forma: yo nunca aceptaría divorciarme y nunca provocaría un aborto, pero, ¿por qué voy a impedirlo a quienes no tienen los mismos principios que yo? ¿Cómo voy a constituirme en juez de graves situaciones personales? Y además, la astuta psicología de los casos extremos: ¿cómo puedo forzar a una mujer a llevar en su seno y a hacer nacer un hijo fruto de una violación? Pensemos en argumentaciones análogas aplicadas al hurto o al asesinato y veremos automáticamente toda su debilidad. Una técnica muy eficaz, que ahora se utiliza en la campaña a favor de la eutanasia: yo no me mataría, pero frente al dolor sin perspectivas, ¿por qué debo impedir a los demás poner fin a sus propios sufrimientos? Yo no mataría a mi hijo, pero frente a una vida que se arrastra sin esperanzas desde hace años... ¿cómo puedo impedir a un padre...? Y en casi todos los casos hay inocentes forzados a sufrir opciones culpables tomadas por otros: el niño en el aborto, el enfermo en la eutanasia, los hijos en las familias que se destruyen.*

Crecer: un derecho violado

«Dejad que los niños se acerquen a mí y no se lo impidáis. Porque de los que son como ellos es el reino de Dios» (Mc 10,14). En los tres evangelios sinópticos inmediatamente después se narra el episodio del joven rico, aquel a quien Jesús ama en cuanto lo ve, y a quien le pide que deje todo para seguirle. En los niños señala el camino de la perfección. A los jóvenes les pide que le sigan con la misma sencillez de la infancia. En cinco de las últimas seis grandes apariciones reconocidas por la Iglesia, la Santísima Virgen se aparece siempre a niños y adolescentes: La Salette, Lourdes, Fátima, Banneux y Kibeho. En la quinta, Rue du Bac, en París, se aparece a una joven hermana que cuenta que por su ángel guardián, que se le apareció como un niño, en plena noche fue guiada al primer encuentro con María. Los videntes de Medjugorje, cuando tuvieron las primeras apariciones, eran todos muy jovencitos.

«Dejad que los niños se acerquen a mí y no se lo impidáis». Una exhortación y un mandato sistemáticamente desatendidos. La familia y la sociedad no facilitan el acercamiento de los niños a Jesús, como tampoco facilitan a los jóvenes la opción de seguirlo. A menudo en ambos casos se lo impiden. *Desde este punto de vista es fácil entender cómo los jóvenes son fácil presa del mal, y en cierto modo son sus víctimas preferidas. Como son inexpertos, sencillos, desprevenidos, fácilmente abordables y entusiastas. Además no oran, precisamente porque nadie les ha enseñado a hacerlo ni les ha hecho entrever la extraordinaria riqueza y la serenidad que brotan de la oración. En los casos en que oran, sucede que a menudo dejan de hacerlo pronto. El alejamiento de Dios es para ellos el principal motivo de peligro. Reman mar adentro en la vida como barcas sin timón. El segundo peligro nace cuando no reconocen y no aceptan las leyes divinas. De esta manera se queman en una hoguera sin perspectivas, sin haber entendido aún todas las cosas bellas que ha puesto delante de ellos la vida, comenzando por el amor y el sexo. El tercer peligro es proporcionado por las circunstancias de la vida, las compañías, los medios masivos de comunicación. Luego vienen las sectas y el rock satánico, las sesiones espiritistas, los* rave party, *el alcohol y el uso de las drogas.*

Todo se asume con superficialidad, como una experiencia necesaria, que muchas veces los atrapa sin posibilidad de liberarse. Entre las ocasiones de la vida también están los problemas, los verdaderos, como el desempleo. Para los jóvenes es una plaga grande, que los lleva de aquí para allá. Muchos se gradúan pero no encuentran trabajo. Y como se sabe, la ociosidad es la madre de los vicios. Aún más tremendo, sobre todo para los adolescentes y para los jóvenes hacia los veinte años, la gran ilusión de la inmortalidad. Para los jóvenes es fácil pensar que no pueden ser tocados por la muerte. Así, si no son capaces de dar un sentido a la vida, para ellos la muerte es una eventualidad lejana, que puede fácilmente desafiarse. Cuánta compasión me inspiran los jóvenes. No tienen ideales en los que creer. Absorben con extremada facilidad los vicios. He visto en ellos los daños inmensos del juego y del sexo sin reglas, sin amor. Hay que educarlos en el sentido de la vida. ¿De qué sirve al hombre ganar el mundo si pierde su alma?

En el libro *Los jóvenes y el esoterismo*, Carlos Climati comienza con una provocadora frase del padre Orione: «Los jóvenes o son tempestad o sol del futuro». Es la síntesis del problema educativo. El futuro de la sociedad depende de lo que hoy se logre enseñar a los jóvenes. *Pero, ¿qué enseñan los medios masivos a los jóvenes? Me viene a la mente la TV de los* reality *y del dinero fácil: es la que más desorienta, porque los aparta del compromiso verdadero, realista y calificador del trabajo. Muchas veces digo a los padres: en el bautismo vosotros os comprometisteis a dar una educación cristiana a vuestros hijos, pero se desentienden de su alma, los educan para el infierno.*

Los jóvenes tienen una generosidad innata, el espíritu de ayudar al prójimo. Se ve en las grandes calamidades, en los casos de extrema necesidad. Pero en la vida normal, si no se les propone un ideal verdadero corren el peligro de abandonarse a las corrientes, a las modas, a los intereses de quienes quieren aprovecharse de su ingenuidad. El ejemplo más inmediato es el de la música. Para más precisión, de un cierto tipo de música rock, que es declaradamente satánica, o ha sido escrita o tocada por personas dedicadas al ocultismo, a ritos espiritistas o al verdadero y propio satanismo.

Pueden darse muchos ejemplos, naturalmente sin tener en cuenta ninguna consideración técnico-musical. Por su naturaleza, buena parte de la música rock es, por así decir, una invitación a apartarse del compromiso moral. Detrás de la gran reunión musical de Woodstock de 1969, que se presentaba como escudo de la ideología pacifista de los hijos de las flores con el lema «paz, amor y música», estaban las mismas lógicas desacralizadoras y transgresivas de los actuales *rave party*. No es casualidad que la palabra inglesa *rave* signifique *delirio*; y que ciertas músicas que se proponen llevar al delirio hagan un uso rítmico de los bajos siempre más impactante, alienante, deshumanizante, siguiendo el modelo de las danzas tribales de iniciación, chamánicas, propiciatorias. El que en estas situaciones desaparezca todo tipo de freno inhibitorio sexual, se haga gran uso del alcohol y de diversas sustancias estupefacientes, se cometan excesos de violencia o se termine perdiendo la vida en una desenfrenada carrera automovilística, es sólo una consecuencia de ello. El hecho de que los grupos de jóvenes se identifiquen siempre más con hábitos y símbolos tribales (lenguaje de gestos, piercings, tatuajes), incluso cuando se encuentran en Internet o se comunican por teléfono, no es sino confirmación del frecuente y quizá cuestionable hábito de ciertos sociólogos y cantantes de identificar las fenomenologías masificantes relativas a los jóvenes con el término tribu.

Otra cosa es el rock esotérico o satánico verdadero y propio: a saber, el que se inspira y se refiere directamente al diablo y al «haz lo que quieres, así podrás ser», que era el lema preferido del ocultista inglés Aleister Crowley, seguidor de Cagliostro, muerto en 1947, considerado el fundador del satanismo moderno, según el cual «no hay otro dios que el hombre y el hombre tiene derecho a vivir según su propia ley».

Haz lo que quieras

El deseo de deslumbrar y atraer a los jóvenes ha movido desde el principio a muchos músicos de rock a insertar en sus textos o en las cubiertas de los discos referencias esotéricas y morales que se refieren a la lógica del hombre como único dios. Se dice que entre los primeros en sufrir este tipo de influencia estuvieron los Beatles, que entre los muchos rostros que caracterizaban la cubierta de *Sgt. Pepper's Lonely Hearts Club Band* de 1967, incluyeron también el de Crowley. «Hemos pensado agrupar los rostros de las personas que amamos y admiramos», explicó en una entrevista el baterista Ringo Starr. En cuanto a los Beatles, no fueron amantes del ocultismo. Fueron en todo caso de los primeros en hacer referencia al uso de las drogas.

Entre los seguidores de Crowley está aquel Anton LaVey, que fue el fundador de la Iglesia de Satanás, de la que se definió sacerdote Marilyn Manson, el rey del rock diabólico, de quien con certeza se sabe que eran sus fans los pertenecientes a sectas satánicas juveniles tristemente célebres en los años pasados, lo mismo que las dos jóvenes asesinas de la religiosa en Val Chiavenna. Sus diarios estaban llenos de símbolos satánicos, de invocaciones a Satanás construidas a la manera de las normales invocaciones a Cristo y a la Virgen, de frases atribuidas a su cantante preferido, como: «Mata a tu padre, mata a tu madre y en un extremo ímpetu de rock mátate a ti mismo».

Por lo demás, no faltan casos de jóvenes que se han suicidado sin motivo aparente, salvo que después se descubre, como se lee en una noticia de *Ansa* relacionada a un episodio sucedido en una localidad de la provincia italiana de Lecce en la primavera de 2002, que «en su habitación los carabineros encontraron decenas de discos del cantante maldito y las paredes tapizadas de posters de la estrella de rock que canta himnos a la muerte». Obsesionado por la música de Manson estaba también el chico de Sesto San Giovanni que en aquellos mismos años en la escuela mató a su novia con un cuchillo. En ese mismo tiempo hubo alguien que pensó denunciar al cantante por plagio, debido a los textos de sus discos. Es de notar que el nombre artístico de Manson, haciendo rima con la actriz Marilyn Monroe, muerta por suicidio, se inspira en las actuaciones de un asesino, Charles Manson, actualmente encarcelado, conocido por haberse declarado abiertamente seguidor de Satanás, además de fundador de una secta responsable de varios homicidios, entre los que está, en 1969 en Los Ángeles, la masacre en la casa del director Roman Polanski, en la que murió también la mujer Sharon Tate, embarazada de ocho meses. El citado lema «haz lo que quieras, así podrás ser» aparece también en la carátula de un disco de Led Zeppelin, cuyo guitarrista, Jimmy Page, nunca ha ocultado sus simpatías por Crowley, hasta el punto de comprarle su antigua casa en Escocia, a orillas del Loch Ness.

Con la llegada del *heavy metal* las referencias satánicas se han hecho frecuentísimas, tanto en las carátulas como en los textos, donde se habla de pactos con el diablo, ritos satánicos, sacrificios humanos. Símbolos como la cruz al revés, la estrella inscrita en el círculo y el número del anticristo se vuelven de uso común. Muchas carátulas de álbumes además de ser crueles son de pésimo gusto. En una del grupo Torr aparece un Cristo en la cruz en estado de putrefacción. En otra de los Deliverance hay una fotografía de una niña con un escrito en la frente: *devil's meat* (carne de diablo). En una de los Celtic Frost, el Cristo en la cruz es utilizado como una honda para lanzar piedras. También es tristemente conocida la invitación al suicidio insertada en una canción de Ozzy Osbourne. A la eutanasia está dedicado un disco de los Megadeth.

En los discos de algunos grupos, entre ellos los Queen o los Led Zeppelin se encuentran mensajes satánicos grabados en el sentido opuesto de rotación del disco. Quien los escucha no puede percibirlos de ninguna manera, ni consciente ni inconscientemente, pero uno se pregunta por qué se encuentran precisamente allí, ocultos y al revés, así como todas las obras de Satanás son «al contrario». Cantado al revés, pero al derecho de la incisión y por tanto perceptible, se encuentra un canto gregoriano en latín, que canta a la pureza y a la fe en Cristo con los ángeles y los niños. El trabajo abiertamente blasfemo, fue hecho por el grupo Enigma, que en el texto al revés adaptó el jadeo de una relación sexual.

Es muy particular el hecho de que el principio inspirador de la cadena esotérica y satánica que de Crowley lleva a LaVey y a Manson llegue a negar la existencia del diablo, poniendo en el centro la adoración de sí mismos, siguiendo perfectamente las lógicas nihilistas del siglo XX y la evolución hedonista contemporánea. Por lo demás, en el famoso *Así habló Zaratustra*, Friedrich Nietzsche exalta como noble virtud «el egoísmo que brota de un alma sedienta de poderío», contrapuesto a todo tipo de virtud cristiana, porque «es odioso, es despreciable el que no quiere defenderse, es despreciable el que se traga la saliva y tolera las miradas malignas, el demasiado paciente, el demasiado resignado, el demasiado pasivo: todo esto es servil... Y que uno sea servil ante los dioses y ante los pies divinos, o ante los hombres y las locas opiniones humanas es la misma cosa: el bienaventurado egoísmo escupe sobre cualquier práctica servil».

En abierta sintonía con esta lógica está el uso de los tatuajes y de los *piercings*, cuando llevan a tal extremo el culto del cuerpo y la plena soberanía del hombre sobre él hasta llegar a afearlo con signos indelebles, hasta borrar toda evidencia de humanidad.

No necesariamente el tatuaje o el piercing, o el rock, están hechos con fines malignos. No necesariamente tienen significados negativos. De por sí el que una persona busque adornar su propio cuerpo con anillos o dibujos no es algo condenable. Hay que ver los motivos por los cuales se hacen estas cosas. Los símbolos usados, la filosofía, los eventuales ritos que hay detrás. Es muy importante verificar estas cosas. Hay tatuajes o piercings que tienen objetivos precisos, que tienen razones de pertenencia, que se hacen por motivos sexuales, porque se quiere el mal para el propio cuerpo, porque se tiene odio a la vida, porque se quiere hacer ver al diablo o porque se quiere decir que se tiene simpatía con el diablo. En muchos casos son simplemente gestos que no adornan, sino que deshonran el cuerpo y que, por más negativos que puedan ser, no se basan en una malignidad particular. En todo caso hay que anotar que existen en el mercado algunos libros que unen más o menos directamente el llamado *Body art* a varias formas de ocultismo y esoterismo, haciendo amplio uso de declaraciones y de entrevistas a fundadores de sectas satánicas como LaVey y otros seguidores de Crowley.

Otro problema es el de los cuentos, el de los dibujos animados y el de los figurines... *Hay alguien que está persiguiendo a los niños. Hay cuentos pésimos. Muy a menudo difunden la afición por lo terrorífico. No muestran ningún sentido de lo bello. Son portadores ocultos de magia, de satanismo, de prepotencia. Los padres deben estar muy atentos cuando adquieren cuentos para sus hijos, atentos a qué tipo de dibujos animados ven. Son muchos los casos en que se busca corromper a los niños mediante estas imágenes e historias. Naturalmente, no hay que generalizar y hay que hacer las debidas excepciones. Pero no hay duda, por ejemplo, de que muchos dibujos animados de origen oriental hacen propaganda a una visión del mundo en perfecta consonancia con el esoterismo y la magia. A menudo son ricos en imágenes y efectos que recuerdan de cerca al demonio en sus acepciones iconográficas más comunes, sin que por otra parte lo identifiquen con el mal que se ha de evitar. También muchísimas películas para jóvenes y adolescentes insinúan una visión negativa del mundo, alejan de la verdad, introducen en la magia y en una visión esotérica de la existencia. Por no hablar de las películas de terror y de ciertas series cinematográficas en que la maldad nunca resulta derrotada, sino que siempre resurge, insinuando el principio perverso de que siempre es el mal el que triunfa y no el bien. A este propósito hay un interesante volumen de Annalisa Colzi,* Cómo corrompe Satanás a la sociedad, *que debe considerarse esencial para comprender el particular interés del diablo hacia los jóvenes, a través de los medios de comunicación.*

Y cuando se habla de jóvenes no se puede dejar de pensar en las muertes semanales causadas por los accidentes de tráfico. *Situaciones en donde es fácil identificar la acción tentadora e inspiradora del demonio. El hecho mismo de que se dé un gran número de heridos graves y de vidas humanas, sobre todo de jóvenes, deja comprender cómo en este ámbito la acción del diablo es intensa. El demonio empuja hacia la competición y a acciones peligrosas precisamente con la intención de quitar la vida. El carácter desprevenido de los jóvenes los hace a menudo fáciles víctimas de las tentaciones más graves, para entendernos, de aquellas que como en este caso no tienen retorno. Por lo demás, y nunca se repite suficientemente, el alcohol, la diversión desenfrenada, el uso de sustancias estupefacientes, el éxtasis de la velocidad, la sensación de inmortalidad, la falta de respeto por la vida y por la integridad de los demás, la violación de las leyes, la despersonalización del individuo a través de ritmos musicales extenuantes, son todas ellas piezas de un rompecabezas en el que es fácil identificar la imagen del demonio.*

Cabe preguntarse también por qué no se fabrican automóviles que no puedan superar el límite máximo de velocidad, dado que a fin de cuentas el mercado no sufriría ninguna consecuencia, puesto que los símbolos de prestigio de los automóviles se podrían fácilmente transferir a otros «accesorios» que justifiquen el lujo y el extralujo. Y, ¿por qué entonces es tan fácil e incluso socialmente aceptada la violación de los límites de velocidad y de todas las normas de seguridad del código de circulación?

Estos razonamientos nos llevarían muy lejos, o quizá, aun demasiado cerca a la cuestión de las influencias del mal en la sociedad. *Queda el hecho de que el diablo jamás es extraño a todo lo que provoca o puede provocar la muerte. He podido constatar casos de accidentes viales en que el demonio ha actuado directamente. Se trata de casos bastante comunes que hacen pensar en maldiciones o maleficios. Pienso especialmente en accidentes que han sucedido a personas de las cuales me he ocupado, en que los automóviles han quedado destruidos por completo y los ocupantes totalmente ilesos. He podido constatar un influjo maléfico directo para provocar el accidente, y al mismo tiempo la protección divina para los ocupantes de los automóviles. Por una parte el maleficio, por otra la fuerza superior de la protección divina. También he tenido casos en que he sabido de maldiciones específicas como esta: «Morirás en un accidente de carretera». Muchas personas que venían a mí en busca de exorcismos han tenido accidentes de esta clase sin sufrir ningún daño físico.*

No podemos finalmente dejar de hacer una observación sobre Internet y sobre los más recientes sistemas de comunicación y de diversión electrónica. Temas sobre los cuales cabe la valoración que hemos hecho de sus aspectos positivos y negativos. No se añade nada a lo ya conocido si recordamos que en la red se pueden encontrar todas las referencias posibles para experimentar encuentros con el demonio, expresamente dirigidas a los jóvenes. No faltan las aberraciones. Hasta hay sitios a través de los que se contrata la producción de vídeos que representan detalladamente las fantasías homicidas y perversas del que los solicita.

Pero, quizá no es en estos ambientes donde se debe buscar la verdadera fuerza «diabólica» de la comunicación electrónica. *Quizá el problema más grande es el hecho de que divide.* Viéndolo bien, estamos asistiendo a una proliferación de juegos y diversiones solitarias, que permiten la construcción de un mundo virtual para uno mismo, que puede prescindir de contactos externos. A la vez, todos los sistemas más en boga para divertirse o pasar el tiempo en grandes grupos, en realidad no facilitan la comunicación interpersonal, sino que alejan de ella. Discoteca, como *rave party* y social *network* son ejemplos ilustrativos de esto. *Quizá ha llegado el momento de pensar en una nueva pedagogía de la diversión, de volver a enseñar las razones de la comunicación y de la belleza.*

Sobre la concupiscencia, el sexo y otras acciones del diablo

Donde está el mal, siempre está la sugestión del demonio. Lo que a él más le interesa es hacer caer al hombre en el pecado. Proporciona las tentaciones. Busca el punto débil, nuestra predisposición. Trata de sustituir a Dios con ídolos inspirados en las grandes pasiones: orgullo, riqueza y placer. Invita a cada uno a construirse su ídolo según sus particulares tendencias: éxito, poder, ambición, explotación, violencia, dinero, insaciabilidad en el poseer, sexo, droga, gula, juego.

San Pablo escribe que la ambición del dinero es la raíz de todos los males. En una de las florecillas, san Francisco cuenta que vio al diablo fuera de los muros del convento que con una pala recogía de un montón y lo arrojaba dentro. Cuando se acercó para ver mejor, se dio cuenta de que el montón era de monedas de oro. Las arrojaba en el convento para corromper a los frailes en lo referente al voto de pobreza. De Juan XXIII, aun antes de ser Papa, se cuenta que a menudo reprochaba a comunidades y a religiosos en cuanto al voto de pobreza. Una vez, cuando visitaba un importante convento franciscano, vio una gran escalera de mármol muy elegante y preciosa. Preguntó el porqué tanto lujo en un lugar pobre. La respuesta inmediata fue:

—«Santo Padre, por el voto de pobreza ponemos todo en común y recogemos dinero que luego nos permite hacer estas obras».

Ve luego un gran salón muy bien amueblado y también con piso de mármol pulido. Nuevamente pide explicaciones y recibe la misma respuesta. Entonces replica maliciosamente:

—«Entiendo... ¿Y por el voto de castidad cuántos hijos tienen?».

Me viene a la mente la amonestación evangélica: «Velad para no caer en tentación». La astucia del mal no tiene límites. Y no hay duda de que el sexo es un gran instrumento de tentación en manos del diablo. Alfonso María de Ligorio afirmaba: «Al infierno se va o por culpa del sexo o sin ella». A Jacinta de Fátima, cuando tiene siete años y no comprende nada de estas cosas, le preguntan cuál es, según sus visiones, el pecado que lleva más almas al infierno. Ella, sin dudar, responde: «El pecado impuro».

San Juan de la Cruz enseñaba a sus cohermanos carmelitas que de todos los enemigos «la carne es el más tenaz y sus asaltos duran lo que dura el hombre viejo». Por lo demás, es bien conocida la atención de muchos santos a no caer en este tipo de tentación. Igualmente es sabido que el camino de santidad de muchos de ellos comenzó precisamente por la decisión de apartarse de una vida de lujuria y de vicios. En el pecado, la tentación tiene un papel más fácil. Y el diablo busca favorecer de todas formas las tentaciones.

El hecho de que en nuestra sociedad se abuse, a menudo con perversidad, de la sexualidad, es en cierta manera una confirmación de la existencia del demonio. Pero mucho más engañoso es el abuso sistemático de la palabra amor. El valor cristiano más grande, que es deformado y manipulado hasta presentarlo de forma contraria a la propuesta de Cristo. En Cristo el amor es portador de unión y de paz, en cambio el concepto de amor propuesto por el mundo produce división, odio, guerra. Amor y atracción física son dos cosas distintas. En una pareja sólida están juntos en el justo equilibrio, pero no son la misma cosa. Marido y mujer, que dan el justo valor a lo uno y a lo otro, transforman su amor en aquella unión perfecta y duradera que es prolongación de la obra divina de la creación.

Las familias se destruyen en este punto. Se privilegia el sexo, la atracción física. Se reduce el amor al sentido de satisfacción romántica, de puro gozo personal anunciado por los medios de *comunicación. Siempre se está listo para nuevas experiencias porque se las considera excitantes. Se pierde de vista la verdad, se siembra división y lo que se creía que era amor, se transforma pronto en insatisfacción, enemistad, odio, celos, violencia. Puro engaño diabólico.*

Se dice que estas cosas están tan difundidas porque se ha perdido el sentido de la familia que antes era muy sólido. Pero para que haya sentido de la familia es esencial la educación que se recibe. Las últimas generaciones, ya sin la referencia de las familias que se sustentaban en el amor, han sido educadas en el amor según la cultura del menor esfuerzo, que tiene en los medios de comunicación un arma esencial. Todos los llamados tabúes han caído detrás de la quimera, el mito de una libertad que, viéndolo bien, nunca ha llegado. Las mujeres debían ser más libres, también los hombres, sin tener que salvaguardar su imagen o la de la familia a toda costa. Pero es difícil decir, por ejemplo, mirando los embrollos burocráticos, económicos, de comportamiento y de manejo de los hijos debido a una separación, que sean conquistas de libertad y no más bien mayores esclavitudes. Sin hablar de los daños que se ocasionan en los hijos que después, a su vez, serán hombres y mujeres con desenfocadas pretensiones de libertad y el peligro (comprobado muchas veces) de que se vuelva a comenzar el ciclo, pero partiendo de un nivel todavía más bajo.

La lógica es la que se deduce de las palabras y de los comportamientos de muchos personajes que los medios colocan en el así llamado *star system*. Un ex presidente de una gran nación sudamericana, en un encuentro sobre *Droga y democracia* que hubo en Río de Janeiro en agosto del 2009, sostenía: «La humanidad siempre ha usado algún tipo de estupefacientes e imaginar un mundo sin drogas es como imaginar un mundo sin sexo... Nuestra lucha entonces y nuestra recomendación hoy, es, continuando la metáfora, sexo seguro, no abolición del sexo. George W. Bush predicaba que contra el sida era mejor una vida sin sexo, nosotros siempre hemos preferido la idea del sexo seguro».

Un razonamiento que usa la paradoja como metáfora y termina por asimilar el concepto de sexo al de droga. Y es fácil asimilar esta lógica, por ejemplo, a la que ha hecho de lugares como Las Vegas, auténticas fábricas de matrimonios desechables, hasta el punto de que ahora las uniones se celebran como en un *drive in*. La pareja lleva su propio coche, o una limusina alquilada con chófer, se acerca a la ventanilla del funcionario civil, firma y ya está lista para el viaje de novios...

Vuelve de forma obsesiva el lema de Cronwell: «Haz todo lo que quieras». Análogo discurso puede hacerse respecto a la homosexualidad. Cambiando las relaciones sexuales con relaciones de amor, se ha comenzado a hablar de amor libre, luego de derecho al amor que vale para todos, enseguida de derecho a vivir la propia sexualidad y los propios vicios abiertamente, derecho para toda clase de parejas a ser una familia, de tener hijos, etc. Así, mientras por una parte se instaura el derecho a destruir las familias heterosexuales, por otra se propugna el derecho a formar familias homosexuales, fundadas en parejas que, por su misma naturaleza no pueden ser estables en la construcción de aquel amor nacido del designio divino del que hemos hablado, sino más bien, presagios de tragedias quizá mayores también para los eventuales hijos.

Como siempre, si nos esclavizamos a nuestros apetitos, somos capaces de cualquier cosa. El último tabú en la carrera hacia esta falsa «libertad de amar» es el de los niños. Esperamos que resista. Oramos porque sea así. Ya hoy la pedofilia está difundida en todos los niveles sociales. Una demostración de ello son los dolorosos llamamientos del Papa contra esta práctica en algunos ambientes eclesiásticos. Hay quienes usan los medios de comunicación para difundirla, quienes se aprovechan de su propia posición para abusar de los niños, quienes organizan viajes para ir a violar niños en países lejanos. Incluso hay quienes piden la liberalización apoyándose en las libres prácticas pedófilas de la antigüedad, naturalmente en ambientes pre-cristianos y en otras religiones, demostrando, una vez más, que en todos estos casos la acción del diablo es la de alejar de Cristo y de sus enseñanzas al hombre, a la sociedad y a la Iglesia. Una auténtica devastación de la dignidad humana frente a la que se necesita un renovado compromiso cristiano.

Es muy efectivo uno de los *Discursos* de san León Magno, dedicado a la Navidad, con el título cuya eficacia nunca se perderá: «Acuérdate, oh cristiano, de tu dignidad». El papa León explica que desde que nació el Señor «no hay espacio para la tristeza» porque ha nacido «una vida que destruye la muerte y da el gozo de las promesas eternas. Nadie está excluido de esta felicidad. La causa del gozo es común a todos porque nuestro Señor, vencedor del pecado y de la muerte, vino para la liberación de todos. Exulte el santo, porque se avecina el premio; goce el pecador, porque se le ha ofrecido el perdón; recobre el ánimo el pagano, porque está llamado a la vida. El Hijo de Dios, queriendo reconciliar con su Creador a la naturaleza humana, la tomó Él mismo de tal manera que el diablo, que trajo la muerte, fuera vencido por aquella misma criatura a la que él antes había hecho su esclava... Reconoce, oh cristiano, tu dignidad. Hecho partícipe de la naturaleza divina, no quieras volver a la abyección con una conducta indigna. Acuérdate de que, arrebatado del poder de las tinieblas, has sido trasladado a la luz del reino de Dios... No te sometas nuevamente a la esclavitud del demonio. Acuérdate de que el precio pagado por tu rescate es la sangre de Cristo».

Ataque a la divinidad de Jesús

¿Qué es lo que más enorgullece al diablo? Considerando que el pecado de orgullo, de soberbia, está en la base de muchas maldades, violencias y perversidades humanas, la pregunta es muy natural.

Muchas veces he preguntado al demonio en el trascurso de los exorcismos:

—«Si pudieras volver atrás, ¿qué escogerías? ¿Escogerías de nuevo rechazar a Dios?».

Siempre me ha respondido él:

—«Tomaría la misma opción».

Y una vez en que insistí sobre la misma pregunta hasta me subrayó:

—«¿Acaso no comprendes que yo he tenido la fuerza de rebelarme contra Dios? Esto quiere decir que soy superior a Él».

Un orgullo y una soberbia desmesurados, que traducidos en acción son pura maldad, ejercida con el único objetivo de negar la divinidad y el poder de Dios. No obstante, tened la conciencia de que el bien está de todos modos destinado al triunfo. Una furia ostentosa y hasta paradójica. En efecto, es tanta el ansia de negar a Dios, que termina confirmando no sólo su existencia, sino también su soberanía sobre la creación.

¿Puede decirse que el diablo es una de las pruebas de la existencia de Dios? *No sólo puede decirse, sino que es totalmente cierto. En sus manifestaciones el demonio confirma enteramente la historia de la salvación. Es evidente y real su terror ante Jesucristo, ante la Santísima Virgen y ante todo lo sagrado. Así como es igualmente evidente que los satanistas creen ciegamente en la presencia real de Cristo en el pan y el vino consagrados. La creen y por eso se empeñan en su profanación: profanar a Jesús para exaltar el poder efímero del demonio. Como el diablo, quieren ser profundamente malos, negros en su interior, para hostilizar la bondad infinita de Jesús, el amor purísimo de María y su obra redentora de las almas. Por tanto, resulta evidente que quien juega con la vida dedicándose a las obras del mal, no juega por su libertad como se les quisiera hacer creer, sino que juega como esclavo en la partida del demonio contra Dios. Una partida destinada a perderse. El que empeña su vida en el mal, juega en el equipo equivocado, es un derrotado desde el principio.*

El primer capítulo de la Carta a los romanos es explícito en este punto. Mientras por una parte san Pablo subraya que «el justo vivirá por la fe», por otra define como «inexcusables» a aquellos que «conociendo a Dios, no lo glorificaron ni le dieron gracias; por el contrario, su mente se dedicó a razonamientos vanos y su insensato corazón se llenó de oscuridad. Alardeando de sabios, se hicieron necios; y cambiaron la gloria del Dios inmortal por la imagen del hombre mortal, de aves, de cuadrúpedos y de reptiles. Por eso Dios los abandonó a sus bajas pasiones y a la inmoralidad, de forma que ellos mismos degradan sus propios cuerpos; cambiaron la verdad de Dios por la mentira, y adoraron y dieron culto a la criatura en lugar de al creador, el cual es bendito por los siglos. Amén. Por esto Dios los abandonó a sus pasiones vergonzosas... recibiendo en su propio cuerpo el castigo merecido por su extravío. Y como no se preocuparon de tener el conocimiento cabal de Dios, Dios los abandonó a su mente depravada... saben bien que Dios declara reos de muerte a los que hacen tales cosas y, sin embargo, ellos las hacen y aplauden a los que las hacen».

Palabras de gran actualidad, que recuerdan de cerca el significado del infierno. Olvidarse de Dios, promover su negación, lleva consigo los peores desórdenes morales y sociales. «Por eso Dios los abandonó», recuerda repetidamente san

Pablo, como diciendo que el pecado, no reconocido como tal en el arrepentimiento, lleva consigo su condena. Para entendernos, la referencia al capítulo 6 del Génesis, el del diluvio, es inmediata: «El Señor vio que la maldad de los hombres era grande sobre la tierra y que todos los designios de su corazón no eran sino el mal».

He ahí la acción del demonio: apartar de Dios la atención y dirigirla a las cosas terrenas, negar la acción salvífica de Jesús, no tomar en serio la promesa de la felicidad eterna, insistiendo en la que se considera única liberación, que sólo puede venir de dar libre curso a los sentidos. Hasta que de pronto, en cierto momento de la vida, uno se da cuenta de que ha perseguido la nada, que ha malgastado toda una existencia para quedarse sin nada.

Es fácil la referencia literaria a un personaje de Gabriel D'Annunzio, quizá imagen del mismo autor, que en el *Placer*, se encuentra precisamente frente a este sentido de la nada como resultado de una vida disoluta. Su problema no está en el sentido de culpa, sino en el sentir que aquella libertad de pecar que tanto había buscado, en realidad ha terminado por atarlo como si fuera una «cadena remachada». El sentimiento que percibe es «la inmensa tristeza de los amores que se vuelven una pesada rutina», además del desconcierto al constatar que «sus manos inertes» ya no logran sostener «el velo roto de las ilusiones». Es el pecado acompañado por su condena, el gran diluvio bíblico que se precipita sobre el corazón del hombre que ha rechazado a Dios y ha sido «entregado a una inteligencia depravada». Es la desesperación del Fausto, la derrota de una vida. Santo Tomás de Aquino escribía: «La intemperancia repugna en sumo grado a la nobleza y al decoro, por cuanto en los placeres que se refieren a la intemperancia se ofusca la luz de la razón, de la cual se deriva toda la nobleza y la belleza de la virtud».

¿Es algo así como decir que el diablo hace las ollas, pero no las tapaderas? *Suena gracioso pero es muy cierto. Piénsese en el enorme esfuerzo que hizo antes para tentar y luego para eliminar a Jesús. Un esfuerzo y una malignidad desmesurados. Después de haber visto la película* La Pasión de Cristo, *que a muchos les pareció exagerada al detenerse en la maldad demoníaca de los sufrimientos del Redentor, Juan Pablo II, ya muy probado por el dolor y la enfermedad, comentó: «Así fue exactamente». Para perseguir el objetivo de hacerlo matar por aquellos hombres que Cristo había venido a salvar de su dominio, el diablo corrompió a Judas, al Sanedrín, a Herodes, a Pilato, a la turba que prefirió a Barrabás. Hizo que Jesús fuera procesado en el juicio más injusto de la historia. Movió a Pilato a hacerlo flagelar para aplacar la ira del pueblo. Estimuló a los soldados a desahogar en él su rabia reprimida hasta coronarlo de espinas. Hizo todo lo posible para que fuera puesto en la cruz de la manera más atroz y humillante posible. Pero al final, la muerte de Cristo se mostró como la derrota del diablo.*

A lo largo de los siglos, ha perdurado un intento de humanizar totalmente a Jesús para tratar de poner en duda su divinidad, y viceversa, de divinizarlo totalmente para poner en duda su muerte y por consiguiente su resurrección. Muchas herejías han nacido con diferentes objetivos. Religiones enteras. Muchas sectas que se definen cristianas. Muchos movimientos y corrientes culturales han promovido la lógica de la inmanencia de Jesucristo. Incluso el modernismo, para ir a épocas más recientes, nacido de la justa consideración de acercar la fe a la ciencia, terminó por evolucionar en su versión más exasperada, en un remachar de tal manera la humanidad de Cristo que de hecho se negó su trascendencia.

También hay quienes han intentado e intentan de todos modos acercar la ciencia a la magia y el esoterismo aprovechando la figura de Jesús, unas veces por juego o por ejercicio literario, otras con objetivos esotéricos, desacralizadores, cuando no puramente diabólicos. Es emblemática la insistencia en revistas, libros y transmisiones televisivas exitosas sobre la presunta relación de amor entre Jesús y la Magdalena. Partiendo de una pintura de Leonardo se han construido historias y promociones fantásticas que asimilan a Jesús con un mago, con un adorador de ciencias esotéricas y no ciertamente de Dios. En efecto, si Jesús se enamora de una persona, no puede ser el Dios de los evangelios que ama por igual a cada persona. El Jesús que ama físicamente a la Magdalena no puede ser Dios. En cambio, pueden ser mágicas las cosas que le pertenecieron. De ahí la leyenda del grial que se transmite por los siglos y que, vaya casualidad, se ha querido relacionar con el amor prohibido de la Magdalena.

De hecho el tema del verdadero Dios y verdadero hombre resulta incómodo para muchos, como también lo es para el demonio. Una incomodidad que conjuga entre sí muchos temas ligados al esoterismo, a logias y asociaciones más o menos secretas, a ramas desviadas de la masonería, a cultos mágicos y satánicos.

En esta lógica de desacralización de la figura de Cristo a toda costa, está el laicismo exasperado y el ideologizado que el Occidente ha aprendido a conocer del siglo de las luces. Su emblema es el cíclico ataque al Crucificado. En nombre de la laicidad de los Estados se quiere privar a la sociedad civil de toda referencia a la cristiandad. Objetivo común de quien no tiene ninguna fe y de quien, por el contrario, quiere abrir espacio a lógicas de fe que niegan la divinidad de Cristo. Una coincidencia de intentos entre mundos tan lejanos e inconciliables por principio, que hace pensar en una inspiración diabólica común. La derrota sufrida por medio de la cruz de Cristo es para el demonio una enorme humillación, la evidencia de su debilidad. Por eso la cruz es tan combatida. Una acción destructora frente a la cual el cristiano debería, de algún modo, sentirse afectado, haciendo suyas las palabras de Juan Pablo II del 21 de junio de 1998: «Muchas cosas se nos pueden quitar a los cristianos. Pero la cruz como signo de salvación no nos la dejaremos quitar. No permitiremos que sea excluida de la vida pública».

Las mezcolanzas del gurú

Para el hombre hay dos fuentes de conocimiento: una natural y otra sobrenatural. Ambas vienen de Dios creador y no existe nunca contradicción entre ellas. El conocimiento natural mira a lo que es visible, sensible, demostrable. Todo lo que el hombre logra conocer a través del uso de su propia razón, por tanto a través de la ciencia, la técnica, la exploración, la medicina, etc. En cambio el conocimiento sobrenatural es una directa consecuencia de la revelación divina.

Todos los pueblos, en todos los tiempos y lugares, tienen la idea del mal, de espíritus del mal a los que hay que hacer favorables con ritos, sacrificios, a menudo incluso humanos. Sólo la Revelación nos aclara que el mal, los espíritus del mal son los demonios, esto es, ángeles que se rebelaron contra Dios, su creador. Seres muy inteligentes, con grandes poderes. Por la Revelación sabemos que el alma es inmortal, que existen el paraíso, el purgatorio y el infierno, que habrá un juicio particular y un juicio universal... Todos ellos elementos por medio de los que hemos sido capacitados para comprender el sentido, el valor y la finalidad de nuestra existencia. Verdades que conocemos sólo porque Dios nos las ha revelado. De ellas nunca tendremos un conocimiento científico. Si se cree en la Revelación, se creen estas verdades. Los caminos intermedios tienen significado sólo como etapas de un camino hacia la verdad. De ahí la importancia del estudio del Antiguo y del Nuevo Testamento como Palabra revelada, frente a la cual se puede solamente o creer o no creer.

En este sentido solamente el cristianismo proporciona la exacta explicación de la naturaleza del mal. Por la creación todo viene de Dios. Luego llega la rebelión de Lucifer y de sus ángeles. Por tanto, el hombre tentado acepta la propuesta del diablo y provoca la herida de la culpa original, a causa de la que se nos dificulta hacer el bien y para hacer el mal basta sólo resbalarse. Desde aquel día, para seguir el bien hay que luchar contra el diablo y contra las propias inclinaciones personales, formarse un carácter fuerte y amigo de Dios. Todas las demás religiones dan diversas explicaciones. No el judaísmo, que está fundado en la Revelación, aunque no reconozca en Jesús al Mesías anunciado en todo el Antiguo Testamento, comenzando por el Génesis.

Todas las vicisitudes de Israel son la historia de la lucha entre la fidelidad a Dios y la rebelión contra Dios. Una historia de traiciones y de retornos, de grandes gestos de fe y de cosas nefandas. En esa época existía el concepto de que cada lugar tenía sus propios ídolos. Así en su peregrinación el pueblo elegido tuvo la constante tentación de la idolatría. A cada paso se encontró ante una opción. Es emblemático el discurso de Josué ante las tribus de Israel reunidas en Siquén. Después de haber recordado la historia del pueblo elegido, pone a todos frente a una opción definitiva (Jos 24,14-15): «Ahora, pues, temed al Señor y servidle perfectamente, con fidelidad; apartaos de los dioses a los que sirvieron vuestros padres más allá del Río y en Egipto, y servid a Yavé. Pero, si no os parece bien servir a Yavé, elegid hoy a quién habéis de servir, o a los dioses a quienes sirvieron vuestros padres más allá del Río, o a los dioses de los amorreos en cuyo país habitan ahora. Yo y mi casa serviremos al Señor».

El mal siempre ha existido, pero las explicaciones que se dan de él todas son humanas y parciales en comparación con lo que explica la Revelación, aunque Dios es padre de todos y aunque en todas las grandes religiones existen semillas de verdad. Por consiguiente, en las religiones no cristianas y no reveladas las defensas contra el mal son menores. En sus ambientes el mal actúa fuertemente. En todo el mundo no cristiano la acción de Satanás es incluso más fuerte, sin embargo los pertenecientes a esas religiones no se dan cuenta, no comprenden hasta el fondo las astucias del demonio. La realidad es que los demonios buscan arrojarnos a todos al infierno.

Ahora bien, en cuanto a las nuevas religiones, el que cree en la Revelación no puede dejar de saber que todas son invenciones humanas. Generalmente no demoníacas, aunque no hay duda de que para el diablo es muy fácil ponernos la zancadilla. La Nueva Era es el non plus ultra *del conglomerado de todos los errores posibles e imaginables. Dante diría que no puede estar en pie «por la contradicción que no admite». Así mucha gente cree en la reencarnación porque no tiene ni la menor idea del sentido de la resurrección de Cristo. Es un piadoso deseo humano. Pienso que en algunos casos en esto hay un aspecto positivo. Aunque erróneamente, el que cree en la reencarnación tiene un deseo de inmortalidad del alma, comprende que todo no puede terminar en el breve recorrido terreno.*

Todas las religiones orientales se basan en la reencarnación... Sai Baba, por poner un ejemplo, incluso predijo su reencarnación futura y gracias a la creencia en la reencarnación atrae a muchas personas. Son muchos los que van desde Occidente a verle con la esperanza de probar una espiritualidad que los satisfaga. Gracias a las donaciones de estas personas, Sai Baba tiene un discreto poder económico y alcanza a hacer obras buenas en el mundo, que parecen valorizar su carisma. Sin embargo, el cristiano no puede olvidar, como dice san Pablo (Ef 4,15) que debemos «vivir la verdad en la caridad», tendiendo a través de ella «hacia Cristo», a fin de no ser ya «como niños movidos por las olas y llevados de un lado para otro por todo viento de doctrina, según el engaño de los hombres, con aquella astucia que tiende a arrastrar hacia el error». Verdad en la caridad, como subraya Benedicto XVI en la homónima encíclica, *Caritas in veritate,* porque, explica: «Sólo en la verdad la caridad brilla y puede ser vivida auténticamente. La verdad es la luz que da sentido y valor a la caridad»; de lo contrario, «el amor se vuelve un cascarón vacío que hay que llenar arbitrariamente... una palabra abusada y distorsionada hasta llegar a significar lo contrario».

Incluso muchas personas que han estado donde Sai Baba han venido a mí para convencerme de la bondad de sus acciones.

Para reforzar el concepto me han contado que habla bien de todos, incluso de Jesús y de la Virgen. El problema es que él se considera un dios. Y a mi modo de ver, en estos casos es el diablo quien actúa. Se dan todos los elementos para poder afirmarlo. Muchos de estos santones fabrican polvos que deberían curar toda clase de enfermedades. Los ofrecen a sus seguidores, que luego, a menudo, vienen a pedirme ayuda a mí y a otros exorcistas a causa de los muchos problemas generados por esas pociones. Y de mi experiencia resulta que siempre hay una gran dificultad para liberarlos. Una de estas personas tenía una verdadera posesión demoníaca. Otras tenían sólo influencias de carácter maléfico. He tenido muchos casos de personas que buscaban fáciles experiencias místicas en lugares y ambientes exóticos, pero que han terminado encontrándose con el diablo.

Por lo demás, periódicamente la crónica nos golpea en la cara con las vicisitudes de personas que se han encontrado con el demonio y que ya ni siquiera les ha sido posible contarlo. Las historias de algunas de ellas incluso están documentadas por investigaciones judiciales. Por ejemplo, el caso de los dos chicos desaparecidos en el verano de 2006 en la jungla pluvial sudamericana, por cuyo asesinato fueron investigados otros seis italianos que habían partido con ellos para participar en ritos chamánicos acompañados del uso de potentes alucinógenos. Sus cuerpos fueron despedazados con motosierra y encontrados dentro de sacos en un lugar donde estaban los restos de otros trece cadáveres. Una historia todavía envuelta en el misterio, que parece asociarse a los ritos mágicos practicados por una tribu local, que obtiene ganancias con el tráfico de órganos humanos y de cabezas humanas miniaturizadas, y con la participación de occidentales en sus ritos, en busca de experiencias «fuertes».

Es difícil no ver la huella de Satanás en tan gran maldad humana. Y uno se pregunta cómo es posible que la gente proyecte y realice viajes con la única finalidad de asistir o participar activamente en estas cosas. Sin descartar tan evidente ferocidad, uno se pregunta cómo puede meterse de cabeza en las insidias de las experiencias místicas propuestas por gurús, santones y magos de toda clase. *Pero hay que preguntarse también cómo nosotros, los católicos, ya no somos capaces de proponer un testimonio fuerte, que represente una real alternativa. Y no sólo en Occidente. Los datos son alarmantes, por ejemplo, también en América Latina, donde se cuenta que cada año decenas de millares de católicos abandonan la Iglesia para entrar en una secta. A menudo son de inspiración cristiana, aunque proponen un Jesucristo distante del de los evangelios, otras veces son nuevas religiones en sentido estricto, como la Cienciología o sectas que se remiten a las tradiciones del vudú, de la santería, etc. En Occidente se abandona el cristianismo para seguir vagas filosofías sincretistas, el Islam, las religiones orientales, o a gurús de toda clase. Ahora bien, para el que no tiene religión o para el que nace en esas culturas, es algo comprensible. El drama es cuando quien conoce a Cristo, único Maestro, lo abandona para seguir otras creencias.*

Todo esto evidencia una carencia en la propuesta de fe y una pavorosa ignorancia religiosa. ¿Por qué buscar en otra parte respuestas a preguntas que se pueden encontrar fácilmente en Cristo? ¿Por qué la propuesta común de fe que viene de nuestras parroquias es la de un cristianismo infantil? No hay que mendigar a otras religiones para aprender a desarrollar mejor nuestra propia interioridad. Y no puede decirse cristiano el que sigue prácticas de la Nueva Era, o los consejos de gurús que promueven las doctrinas orientales, porque la única compatibilidad posible es la dictada por el engaño diabólico.

¿Cómo defenderse de esta cultura que insinúa el relativismo ético, un crisol de las religiones? *Los remedios indispensables creo que pueden resumirse en tres categorías: una nueva instrucción religiosa, entendida en términos culturales y espirituales de nueva evangelización; una información exacta y objetiva desde el punto de vista católico sobre lo que son las sectas en todas sus formas, las otras religiones y todas las creencias que se han difundido en estos años; pero sobre todo la escucha de cada uno, de las personas, de sus problemas y de sus aspiraciones, para poder hacer volver a brillar en ellos el amor, la misericordia, la luz de la acogida de Cristo, la conciencia de que sólo en Él, para decirlo con san Pedro, hay «palabras de vida eterna». Sólo así se puede esperar que un número de personas cada vez mayor evite racionalmente ceder a la fascinación de los cuentos de amigos y conocidos, que han hecho la experiencia de aquel gurú o de aquella práctica de meditación y se han entusiasmado hasta el punto de definirla como exaltante.*

El capítulo 4 de la primera Carta de san Juan nos sirve de ayuda: «No os fiéis de todos los que dicen que hablan en nombre de Dios; comprobadlo antes. En esto distinguiréis si son de Dios; el que confiesa que Jesús es el mesías hecho hombre es de Dios; y el que no confiesa a Jesús no es de Dios, sino del anticristo, del cual habéis oído decir que estaba para venir y ya está en el mundo. Hijos míos, vosotros sois de Dios, y lo habéis vencido. Porque el que está en vosotros es más grande que el que está en el mundo. Ellos son del mundo, y por eso hablan según el mundo, y el mundo los escucha. Pero nosotros somos de Dios. El que conoce a Dios nos escucha; y el que no es de Dios no nos escucha. En esto distinguimos el espíritu de la verdad y el espíritu del error».

Una sociedad inconsciente

«Bienaventurados los tristes, porque ellos serán consolados». Es la segunda de las bienaventuranzas. La consolación no se refiere a los sin confianza, a los sin esperanza, a los que no logran dar una perspectiva a su existencia, al contrario, se dirige a los que, habiendo encontrado una esperanza y una perspectiva en el camino del Señor, y actuando en consecuencia, siguen luchando contra un mundo hostil.

En un libro de 2007, *Jesús de Nazaret*, el papa Benedicto XVI se detiene particularmente en este concepto. La aflicción de que habla el Señor, explica: «Es el no conformismo con el mal, es un modo de oponerse a lo que hacen todos y que se impone al individuo como modelo de comportamiento. El mundo no soporta este tipo de resistencia, exige que se participe. Esta aflicción le parece una denuncia que se opone al aturdimiento de las conciencias. Y lo es. Por eso los afligidos se vuelven perseguidos por causa de la justicia». Y precisamente a los afligidos, escribe el Papa, se les promete consolación, así como a los perseguidos se les promete el reino de Dios, y a los pobres de espíritu el reino de los cielos. «El reino de Dios, esta es la verdadera consolación: estar bajo la protección del poder de Dios y estar seguros de su amor».

Vivimos en una sociedad entorpecida por el mal. Considerando la multiplicación de los instrumentos con los que es posible hacer el mal podría decirse que quizá nuestra sociedad está expuesta al mal más que en el pasado. El ateísmo sustancial de Occidente se va difundiendo creando vacíos y depravaciones enormes. Estamos asistiendo a la descristianización progresiva de las grandes naciones católicas, que es una de las alarmas lanzadas por la Virgen en algunas de sus apariciones, desde finales del siglo XIX. En la aparición de Kibeho, en África, la Virgen denuncia expresamente los problemas generados por una sociedad sin valores y sin Dios. Evidenciamos cada vez más menos asistentes a las misas dominicales. Por ejemplo, en Irlanda o Polonia, todavía se encuentran normalmente iglesias repletas de fieles, como hace treinta o cuarenta años en Europa o en América Latina. Pero hablando con irlandeses y polacos, se puede percibir cómo también entre ellos el sentimiento cristiano va disminuyendo progresivamente. Entre las causas, no últimas, se indican los escándalos de los que han sido protagonistas muchos presbíteros y religiosos.

Y no sólo se reduce el número de los practicantes, sino también el de los que simplemente se dicen cristianos o creyentes. El mismo clero atraviesa una difícil crisis, con la disminución de las vocaciones que se une a muchas deserciones, demasiado a menudo precedidas de conductas execrables. Cuando yo era niño la Iglesia italiana mandaba centenares de misioneros a todo el mundo, ahora, si no fuera por la llegada de tantos sacerdotes no europeos, muchas de las parroquias habrían tenido que cerrarse.

Un contexto en el que el maligno tiene vida fácil, aunque sus acciones y sus artificios sean abiertamente descubiertos. Es la suerte de los afligidos que nos ha ilustrado Benedicto XVI. En efecto, se ha instaurado un mecanismo por el que casi automáticamente resulta deslegitimado cualquier razonamiento que invite a reflexionar sobre los insanos comportamientos de la sociedad. Todo esto sin que las personas, comprendida gran parte de los fieles católicos, se den cuenta de la astucia puesta en práctica para condicionar, esclavizar y desviar su pensamiento. Sucede así que, para la opinión pública en general, el bien asume la forma de lo políticamente incorrecto y el mal emerge como el símbolo de los tiempos que avanzan y de la nueva libertad conquistada, aunque la historia enseña que las peores facetas del género humano ya han sido exploradas abundante y repetidamente.

En este sentido es emblemático el discurso sobre la acción de Satanás en el mundo, formulado por Pablo VI en la audiencia del 25 de noviembre de 1972, que ofrecemos completo en el apéndice. En este, el Papa comenzaba preguntándose cuáles eran las mayores necesidades de la Iglesia, y en las dos primeras líneas respondía: «Una de las mayores necesidades es la defensa contra el mal que llamamos demonio». Más adelante añadía que para el cristiano «el mal ya no es solamente una deficiencia sino una eficiencia, un ser vivo, espiritual, pervertido y pervertidor. Terrible realidad. Misteriosa y pavorosa. Se sale del marco de la enseñanza bíblica y eclesiástica quien se niega a reconocerla como existente... Es el enemigo escondido que siembra errores y desventuras en la historia humana».

Una cuestión «muy importante en la doctrina católica que se debe estudiar de nuevo, lo que se hace poco hoy», se queja Pablo VI. Luego subraya que aunque no se puede decir que todo pecado es «directamente debido a una acción diabólica, sí es cierto que el que no vigila con cierto rigor moral sobre sí mismo, se expone al influjo del *mysterium iniquitatis* al que se refiere san Pablo en la segunda Carta a los tesalonicenses, que presenta como problemática la alternativa de nuestra salvación».

En este punto recuerda el Papa que el diablo actúa «donde la negación de Dios se vuelve radical, sutil y absurda, donde la mentira se afirma hipócrita y poderosa contra la verdad evidente, donde el amor es desplazado por un egoísmo frío y cruel, donde el nombre de Cristo es impugnado con odio consciente y rebelde, donde el espíritu del Evangelio es falseado y desmentido, donde la desesperación se afirma como la última palabra». Por lo demás, añade, citando la primera Carta de san Juan: «Sabemos que hemos nacido de Dios y que todo el mundo está puesto bajo el maligno».

Pero todo esto, concluye Pablo VI, no debe hacernos desesperar. Tenemos en Jesús nuestra defensa. «Revistámonos de la armadura de Cristo», es el consejo de san Pablo. Porque «el cristiano debe ser militante». El remedio, se lee en el evangelio de san Marcos, está en: «La oración y el ayuno». Y san Pablo añade: «No te dejes vencer por el mal, antes bien, vence el mal con el bien».

Un discurso formidable. Es difícil encontrar otro escrito tan calibrado y eficaz sobre este tema tan delicado. Tanto que la acción de defensa de las mentes modernas y evolucionadas ha sido inmediata. Al día siguiente todos los diarios atacaron al Papa y en cierto modo se burlaron de él. ¿Cómo puede, se preguntaban, un hombre inteligente y de gran cultura como él, un Papa del siglo XX, creer en semejantes supersticiones, que se pensaban ya relegadas a la oscura época de la cacería de brujas?

Palabras que en los últimos tres siglos resuenan repetidamente en las acusaciones contra la Iglesia. Las hemos oído muchas veces también en años, meses, semanas recientes... Hoy, como entonces, el Iluminismo se contrapone al Oscurantismo, la ciencia a la fe, la modernidad a la tradición y así sucesivamente. Con la ridícula –si no fuera trágica– paradoja de que *la misma sociedad que canta a la libertad de los condicionamientos religiosos, funciona como caja de resonancia de las más singulares supersticiones y creencias espirituales. Se va de la teoría milenarista de turno (ahora está de moda la superstición maya del 2012), a los horóscopos condimentados con todas las salsas, de los cuernos rojos en el cuello o colgados en casa o en el automóvil, a la fe ciega en la lectura de las cartas, de las manos, del té o del café; del éxito de las películas y de los libros sobre el «grial» a las películas sobre vampiros, magos, brujas y pequeños magos; de la cada vez más amplia difusión de creencias sobre misteriosos poderes pertenecientes a civilizaciones antiguas, a las repetidas visiones de ovnis o de círculos sobre el trigo, para después descubrir que se trata de engaños a menudo ideados para la diversión de astutos bromistas.*

Algo muy similar ocurrió también en la época del discurso de Pablo VI sobre la acción del demonio en la sociedad. Los mismos diarios que lo descalificaron catalogándolo de visionario residuo de mitologías medievales, un tiempo después se unieron al coro sensacionalista que acompañó el estreno en el cine de la famosa película El exorcista. *Y ninguno de los críticos del Papa pensó en usar la misma medida para juzgar el contenido de la obra cinematográfica. En muchos casos incluso avalaron las tesis de la película multiplicando su resonancia.*

El diablo en los evangelios

Nosotros, los exorcistas –nunca dejaré de recordarlo porque es una cosa en evidente contraste con la enseñanza del Antiguo y del Nuevo Testamento–, a menudo no somos tolerados ni por el mismo clero. Los motivos, me parece, se han de atribuir a verdaderas y propias desviaciones doctrinales. Muchos teólogos han negado los exorcismos de Jesús. Los consideran intervenciones estrictamente ligadas al lenguaje cultural del tiempo, destinadas a hacerse comprender por la gente de la época. Uno de los biblistas actualmente más cotizados ha escrito un libro en que pone en duda los dos exorcismos quizá más significativos narrados en el Evangelio, considerándolos simples curaciones. En conclusión, para el conocido biblista el endemoniado de Gerasa no era sino un loco furioso, mientras el joven al pie del Tabor era un simple epiléptico. Y en este segundo episodio, del cual hablaremos más adelante, se encuentra una intencional pedagogía del anuncio por parte de Jesús.

Pienso que, lamentablemente, a causa de las formulaciones de estos estudiosos, unidas a la incredulidad que se ha difundido en la sociedad, hoy buena parte del clero considera a los exorcistas como si fueran brujos, al diablo como si fuera una entidad abstracta y las manifestaciones diabólicas como verdaderas y propias supersticiones. Así, en los seminarios y en las universidades teológicas, salvo excepciones, se da cada vez menos importancia a la parte de la teología dogmática que, al referirse al Dios creador, habla de los ángeles, de su prueba, de la rebelión de los demonios. Mucho menos se habla de la acción ordinaria del demonio y de sus acciones extraordinarias, que deberían estudiarse en teología espiritual. Ya no se estudian en teología moral los pecados contra el primer mandamiento denominados magia, nigromancia, espiritismo. Formas de superstición que son combatidas con vehemencia en la Biblia y que, hemos visto, nunca han dejado de practicarse y hoy están particularmente difundidas. Y si ya no se habla del demonio, la consecuencia es que ya no se lo combate, se actúa como si él no existiera.

Hay muchos obispos que omiten nombrar exorcistas en sus diócesis. Y es una obligación impuesta por el Evangelio. Benedicto XVI lo ha recordado indirectamente en un encuentro con los exorcistas al término de la audiencia general del 15 de septiembre de 2005: «Los aliento a proseguir en su importante ministerio al servicio de la Iglesia», por tanto, ha subrayado la necesidad de que los exorcistas puedan actuar «apoyados por la vigilante atención de los obispos», y sean acompañados «por la incesante oración de los fieles».

Pero de hecho la situación sigue siendo la que hemos descrito, de general indiferencia. En algunas naciones europeas los exorcistas están ausentes casi del todo. Por ejemplo en Italia cada vez son menos. Y la gente, que está cada vez más desorientada y que tiene mayor necesidad de ser asistida, no sabe a quién acudir y lamentablemente a veces los mismos sacerdotes los envían a psicólogos y psiquiatras que, en estos casos, no están en condiciones de hacer nada.

Una denuncia que es posible escuchar con las mismas palabras, por parte de cualquier exorcista. Basta simplemente preguntar. La respuesta de un frecuentadísimo exorcista, un carmelita que trabaja en la diócesis de Roma, ha sido elocuente: «Los exorcistas son literalmente buscados por personas que quieren un encuentro, una charla, una bendición o que, simplemente, quisieran ser escuchados, comprendidos en su tormento, en su problema, en su pecado. Lamentablemente, los sacerdotes que se dedican a la misión de la escucha cada vez son menos. Incluso son menos los sacerdotes que piensan que el problema del diablo es un asunto grave, que se debe enfrentar porque produce mucho sufrimiento. Es más, siempre son más los sacerdotes que tienden a negar o subvalorar la intervención del diablo en la vida de los seres humanos. Por eso los pocos exorcistas que practican y están disponibles, literalmente están abrumados de peticiones».

Quien por simple curiosidad quiera verificarlo, vaya a una iglesia o a un santuario donde se encuentra un exorcista, que reciba con o sin cita previa, y podrá constatar cuántas son las personas que esperan su turno, aunque sea sólo para confesarse, tener una palabra de consuelo, un consejo, o hacer una oración juntos. En la iglesia donde todos los días ejerce el citado exorcista carmelita es fácil tener en pocas horas una muestra diversa de personas, afligidas, sufrientes y atormentadas. Y de inmediato uno se da cuenta de que están representadas todas las clases sociales y todas las edades. En el curso de un encuentro y retiro espiritual para exorcistas, que tuvo lugar en Padua, con ocasión de la exposición de los restos del santo, se tuvo una increíble afluencia de personas en busca de ayuda.

Pocas veces se escucha a predicadores y sacerdotes que hablen abiertamente del demonio, en cambio Jesús hablaba continuamente de él, porque, como afirma san Pedro, su presencia en nuestra vida es como de un león rugiente y es un problema que tiene que ver con todos. Pero si un sacerdote no ha asistido nunca a un exorcismo, ¿cómo puede esperarse que comprenda el real alcance del problema? Si no cree en el diablo, ¿cómo puede esperarse que enfrente y combata el mal por lo que es?

Preguntas que eran ilustradas perfectamente ya en los primeros siglos de la Iglesia. A los que no querían creer ni en la existencia del demonio, ni en el poder salvífico de Jesucristo, Cipriano, en el capítulo 15 del escrito apologético *Contra Demetrio*, hace la invitación: «Ven a oír con tus propios oídos a los demonios, ven a verlos con tus propios ojos en los momentos en que, cediendo a nuestros conjuros, a nuestros flagelos espirituales y a la tortura de nuestras oraciones, abandonan los cuerpos de los que habían tomado posesión».

Son muchos los pasajes evangélicos en que se habla del diablo o en donde Jesús invita a expulsar a los demonios y a sanar a los enfermos. El evangelio de Marcos en especial, que es el más antiguo y fue escrito con los testimonios directos de los que habían conocido a Jesús, desde el principio presenta la obra del Salvador en estrecha correlación con la acción tentadora y pervertidora del demonio. Ya en el versículo 13 del capítulo 1 se lee que después de haber sido bautizado y confirmado por el Padre en su misión terrena, Jesús es empujado por el Espíritu al desierto «y allí permaneció cuarenta días, tentado por Satanás. Estaba con las fieras y los ángeles le servían». El diablo llega desde el principio de la actividad pública de Jesús, así como en el principio tentó al hombre y a la mujer en el paraíso terrenal. No es una casualidad que el evangelista se apresure a subrayar que Jesús convivía con las fieras salvajes sin sufrir daño alguno por parte de ellas, lo mismo que el hombre en el jardín del Edén. Es la reconciliación con la creación, que anuncia el capítulo 11 de Isaías refiriéndola a la venida del Mesías: «El lobo habitará con el cordero, el leopardo se echará junto al cabrito...».

Es de notar que la acción del diablo es inmediata también en el evangelio de Mateo, ya en el capítulo 2 se muestra de qué es capaz el hombre que rechaza el anuncio. Herodes, que llega a saber por los Magos del nacimiento del rey de los judíos, «se turbó». También María, como cuenta el evangelista Lucas, «se turbó» ante el anuncio del ángel. Pero a diferencia de Herodes, acepta dentro de sí al Salvador, con todo lo que de infinitamente bueno obtiene de esto para toda la humanidad. En cambio Herodes rechaza el anuncio y dentro de él crece el odio que lo lleva a cometer un delito atroz: la matanza de los inocentes. Adán y Eva se dejan tentar por el demonio, se alejan de Dios y su culpa recae sobre ellos y sobre toda la humanidad, que ya con sus hijos conoce el asesinato. También Judas se aleja de Jesús, incluso físicamente, después de la Última Cena y lo entrega a sus perseguidores a cambio de un dinero fácil.

Siempre el evangelio de Mateo, a diferencia del de Marcos, entra en el detalle de las tentaciones sufridas por Jesús en el desierto. En la secuencia presentada en el capítulo 4, distinta de la propuesta por Lucas, la primera tentación se refiere al alimento: «Si eres hijo de Dios, di que estas piedras se conviertan en pan». La segunda, al orgullo, la soberbia, el poder: «Si eres hijo de Dios, tírate abajo, porque está escrito...». La tercera se refiere a la riqueza, el poder político: «Todas estas cosas te daré si, postrándote, me adoras».

Benedicto XVI en uno de sus escritos manifiesta: «Aquí aparece claro el meollo de toda tentación: remover a Dios, que frente a todo lo que en nuestra vida surge más urgente, parece secundario si no superfluo e incómodo... El diablo no nos invita directamente a hacer el mal, sería demasiado ordinario. Finge señalarnos lo mejor: abandonar finalmente las ilusiones y emplear nuestras fuerzas en mejorar el mundo. Se presenta bajo la pretensión de un verdadero realismo. La realidad es lo que se constata: poder y pan. Frente a esto las cosas de Dios aparecen como irreales, un mundo secundario del que no hay una verdadera necesidad». En resumen, lo que el diablo quiere poner en juego con sus astucias es a Dios mismo, su realidad, su verdad, la bondad, o mejor dicho, la inteligencia de nuestra opción por él. Insinúa la duda de que estamos siguiendo el camino menos conveniente, el menos lógico. La pregunta que nos plantea, siempre citando al papa Ratzinger, es: «¿Dios es el Bueno o somos nosotros mismos quienes decidimos qué es lo bueno?». En el fondo no es otra cosa que la duda insinuada por la serpiente en la mente de Eva y de Adán.

Una duda insinuada diariamente y con éxito en la sociedad en que vivimos, donde Dios ha desaparecido de hecho y también se lo quiere hacer desaparecer de las imágenes; donde las tradiciones religiosas son consideradas costumbres «puritanas», a veces pintorescas, siempre y de todos modos inútiles; donde el único interés reconocido a las religiones es la utilidad política, a fin de manejar y controlar el mundo. Frente a todo esto, anota Benedicto XVI, Jesús sale triunfante, porque «a la divinización mentirosa del poder y del bienestar, a la promesa mentirosa de un futuro que garantiza todo y a todos mediante el poder y la economía, Él ha contrapuesto la naturaleza divina de Dios: Dios como verdadero bien para el hombre».

Una lucha a la cual el hombre no puede sustraerse. *Y Jesús nos indica un camino seguro: el de su victoria sobre el mal.* Ya lo hemos recordado con las palabras de san Francisco: «Donde el temor de Dios guarda la puerta, allí no puede entrar el enemigo». Un consejo, una certeza, un gran consuelo.

«Has venido a destruirnos»

Desde el principio, los evangelios muestran cómo el bien nace de aceptar a Jesús, lo mismo que el mal viene de rechazarlo. Satanás tiene el omnipresente papel de tentador, es decir, el que quiere alejar de Dios y, por medio del hombre, generar el mal sobre la tierra.

En esta lógica aparece enteramente claro el motivo por el que en el evangelio de Marcos el primer milagro de Jesús es un exorcismo, la curación de un endemoniado, es decir, la demostración inmediata de su poder sobre el mal (Mc 1,21-27). Igualmente claro, si queremos, podría ser el motivo por el que el episodio tiene lugar dentro de un lugar de culto, como queriendo subrayar la contraposición clara entre Dios y Satanás, entre bien y mal, entre paraíso e infierno.

En la sinagoga «Jesús se puso a enseñar. Y estaban admirados de su enseñanza porque les explicaba como quien tiene autoridad y no como los escribas. Había precisamente en la sinagoga un hombre poseído por un espíritu inmundo, que se puso a gritar: "¿Qué tenemos nosotros contigo, Jesús de Nazaret? ¿Has venido a destruirnos? Sé quién eres tú: el Santo de Dios". Jesús, entonces, le ordenó: "Cállate y sal de él". Y agitándolo violentamente el espíritu inmundo, dio un fuerte grito y salió de él. Todos quedaron asombrados de tal manera que se preguntaban unos a otros: "¿Qué es esto? ¡Una doctrina nueva, expuesta con autoridad! ¡Manda hasta a los espíritus inmundos y le obedecen!"».

De inmediato resaltan dos cosas estrechamente unidas entre sí: el estupor de la gente porque las palabras de Jesús son muy distintas de las que acostumbraba a pronunciar el clero de la época, y el temor de la gente frente a la manifestación del poder sobre el espíritu inmundo. Una correlación que indica cómo en Marcos el milagro sobre los demonios muestra con hechos la autoridad superior de las palabras de Jesús. La gente que observa vincula estas dos cosas y queda admirada de ellas. Muchas veces el mismo Jesús repite en el Evangelio: «Si no creéis por mis palabras, creed por lo menos por mis obras, por los milagros que he hecho ante vuestros ojos».

El poder sobre los demonios valora la originalidad y la fuerza salvífica de la Palabra. Acredita la enseñanza de Jesús. Así el milagro del paralítico que es descolgado del techo es usado para valorar y hacer evidente el poder del perdón de los pecados. Un concepto que se hace explícito en la primera Carta de san Juan cuando se dice que Jesús vino a destruir las obras de Satanás.

Otro elemento significativo es que el espíritu inmundo conoce quién es Jesús. Paradójicamente le rinde testimonio público y directo. En el evangelio de san Marcos se recoge la primera vez que Jesús es señalado a la gente por lo que es Él realmente, después de la voz de Dios que se oye venir del cielo en el momento del bautismo en el río Jordán: «Tú eres mi hijo predilecto, en ti me he complacido». Pero Jesús rechaza el testimonio del demonio. No lo quiere porque es siempre contrario a los planes de Dios, busca fines distintos.

El demonio quiere secundar las aspiraciones naturales de la gente, que espera un Mesías jefe guerrero, un rey poderoso que derrote a los romanos y devuelva el poder al pueblo hebreo. En el momento en que Satanás atestigua quién es Jesús, es porque quiere hacerlo glorificar por la gente, lo quiere enaltecer sobre el pedestal del rey, en cambio Jesús lo hace callar porque su misión es otra: para liberar al mundo del maligno debe sufrir y morir para luego resucitar. Sólo así se realiza la verdadera liberación del hombre.

A este propósito es interesante el exorcismo que narran los Hechos de los Apóstoles, de san Pablo, contra la adivina que invitaba a la gente: «Id tras Él, Él es la verdad». También san Pablo, como Jesús, impone silencio al diablo. No quiere su publicidad, la propaganda, sobre todo no quiere ser confundido con la Verdad. Él, Pablo, no es la Verdad. La verdad es Aquel en cuyo nombre son sanados los enfermos y expulsados los demonios y gracias al que se llega a ser realmente libres.

Un objetivo, el de Jesús lo mismo que el de Pablo, claramente contrario al del diablo, que quiere la esclavitud y la perdición del hombre. No es casual que el espíritu inmundo en cuanto ve a Jesús lo destaque: «Has venido a destruirnos». No puede menos que reconocer que Jesús ha venido para destruir las obras de Satanás, exactamente como se lee en la primera Carta de san Juan.

El endemoniado de Gerasa

Diferente en el contexto y en la narración es el caso del endemoniado geraseno, que tiene una gran importancia pedagógica para la comprensión tanto de la actitud del diablo en relación con Jesús, como de la actitud paradójica de los hombres, para los que resulta enteramente normal el rechazar aquel bien que acababa de liberarlos de los daños evidentes del maligno.

Seguimos el evangelio de san Marcos en el capítulo 5. «Apenas saltó de la barca, vino a su encuentro de entre los sepulcros, un hombre con espíritu inmundo que moraba en los sepulcros y a quien nadie podía ya tener atado ni siquiera con cadenas, pues muchas veces lo habían atado con grillos y cadenas, pero él había roto las cadenas y destrozado los grillos. Y siempre, noche y día, andaba entre los sepulcros y por los montes, dando gritos e hiriéndose con piedras».

Es de notar que en las demás versiones de los evangelios sinópticos se dice que vagaba desnudo y era tan furioso que ya nadie podía pasar por aquel camino. En el evangelio según san Mateo, en el capítulo 8, se dice que los endemoniados eran dos. El hecho es que Jesús está frente a un hombre muy peligroso, para sí mismo y para los demás. Asusta a todos, pero se arroja a los pies de Cristo.

«Viendo de lejos a Jesús, acudió, se le echó a los pies y gritando con gran voz dijo: "¿Qué tenemos nosotros contigo, Hijo del Dios altísimo? ¿Has venido aquí para atormentarnos antes de tiempo?". En efecto, le dijo: "Espíritu inmundo, sal de este hombre". Y le preguntó: "¿Cómo te llamas?". "Me llamo legión, porque somos muchos». Y comenzó a conjurarlo con insistencia para que no lo arrojara fuera de aquella región». Allí cerca había una gran piara de cerdos paciendo y los demonios le pidieron a Jesús que los mandase a «aquellos puercos para que entremos en ellos». Habiendo salido del hombre entraron en los cerdos y la piara entera se suicidó en el lago.

Lo primero que se nota es que el diablo reconoce de inmediato con quién está tratando. Respecto al endemoniado de la narración anterior, define todavía mejor quién es Jesús: primero era «el Santo de Dios», ahora es «Hijo del Dios altísimo». De repente, podríamos pensar que se necesitarán tres buenos años de predicación después de estos acontecimientos antes de que Pedro esté en condiciones de afirmar esto mismo en Cesarea de Filipo. Por otro lado, incluso los apóstoles tienen siempre en la mente la figura pública del Mesías. Incluso después de la resurrección no logran avanzar más. En aquel punto la respuesta y el consiguiente valor necesario son confiados a la acción del Espíritu Santo.

Tampoco aquí Jesús quiere dar espacio al testimonio que le da el diablo, puesto que no es para glorificar a Dios, sino para engañar a los hombres. No le permite hablar y lo acosa con sus preguntas. En cuanto el diablo ve a Jesús, por lo demás, conoce perfectamente su suerte. Ve su derrota, comprende que ya no podrá permanecer en aquel cuerpo humano, a través del que infundía terror. La petición preventiva de no atormentarlo asume el carácter de la excusatio non petita. *Frente a Jesús el demonio pierde su atractivo, se descubre como lo que es realmente.*

Las preguntas que hace Jesús al demonio son un momento fundamental en todo exorcismo. Las hacemos según cierto ritual que toma su lógica y su fuerza precisamente de este episodio evangélico. Ya vimos que es un trabajo necesario para comprender con quién se trata y cómo manejar el exorcismo. La respuesta del diablo es interesante. No le dice el nombre sino el número. Mi nombre es legión. Es decir: Somos muchos. La legión romana estaba compuesta de trescientos soldados.

He encontrado muchas personas poseídas por un gran número

de demonios. El objetivo de ser tantos es el de hacer más fuerte el maleficio y más difícil la liberación. Tengo el caso gravísimo de una posesión en que cada vez que pregunto cuántos son, se me responde:

—«Somos legiones, legiones, legiones».

Recuerdo el caso de una chica que tenía 150 demonios. Después de algunos exorcismos se redujeron a 29. A la siguiente vez quedaban 22. Naturalmente, el jefe siempre estaba allí. Es él el que organiza a todos los demás. En estos casos cada vez salen con gritos y molestias. Muchas veces cuando sienten que son forzados a irse, piden ayuda a otros demonios. Gritan claramente pidiendo ayuda. Pero en los exorcismos esta petición de ayuda nunca es atendida. El demonio forzado a irse se va sin obtener la ayuda pedida.

En el diálogo con Jesús, el demonio pide que se le permita permanecer en aquella región. Jesús parece darle gusto. Plantea la posibilidad de que los demonios pasen a la piara de puercos que se ve pacer en la colina poco distante. Se habla de «cerca de 2.000 puercos». Un número ciertamente excesivo. Algunos biblistas han sugerido que el concepto expreso podría ser el de dos piaras de puercos. En todo caso una cantidad muy grande. De hecho, los demonios salen estrepitosamente del cuerpo del hombre y entran en los puercos que, como enloquecidos, se precipitan todos en el lago. Un gesto que evidencia cuál es el verdadero objetivo del demonio: buscar la destrucción y la muerte en todo caso. Los puercos, que no tienen ninguna capacidad de oponerse al influjo diabólico, se suicidan al instante. La instigación al suicidio es una de las tentaciones más clásicas del demonio. Jesús libera al hombre y deja que el demonio libere su deseo de muerte sobre los puercos, animales que los hebreos consideran inmundos por naturaleza. Todos son signos evidentes pero no son comprendidos.

En efecto, los habitantes de aquella región se quedan pasmados pero no entienden. «La gente –prosigue el evangelio de san Marcos– fue a ver lo que había sucedido. Cuando llegaron a donde Jesús, vieron al endemoniado sentado, vestido y sano de la mente, él, que había estado poseído por la legión, y les dio miedo. Los que vieron esto se pusieron a explicar lo que había sucedido al endemoniado y lo de los puercos. Ellos le rogaron a Jesús que se fuera de su territorio. Mientras volvía a subir a la barca, el que había estado endemoniado le pedía que le permitiera ir con Él. No se lo permitió, sino que le dijo: "Ve a tu casa, a los tuyos, y anúnciales lo que el Señor te ha hecho y la misericordia que ha tenido contigo". Él se fue y se puso a predicar por la Decápolis lo que Jesús le había hecho y todos quedaban maravillados».

La actitud de estas personas es emblemática de cómo a menudo la gente se comporta con quien les ha hecho el bien. Una mezcla de falta de reconocimiento y de miedo a quedar involucrados. Tenían miedo del endemoniado, ahora lo ven perfectamente tranquilo, sereno y vestido. En vez de comprender lo extraordinario del prodigio, su miedo lo transfieren a Jesús. Deberían haber sido agradecidos porque los había librado de semejante delincuente, y en cambio le piden que se vaya. Su comportamiento es del todo similar al del demonio, que cuando reconoce a Jesús le pide que no lo atormente. No miran la liberación del hombre, sino el daño material que ha sido provocado con la muerte de los puercos. Es una especie de paradoja que tiene que ver también con nosotros, los exorcistas: Jesús que expulsa los demonios es expulsado por los hombres.

Es el concepto de la llamada. En este caso Jesús se manifiesta claramente, interpelando de esta manera a todos los presentes. No hay duda sobre las razones de su gesto. No obstante, aquella gente tiene miedo. Cuántas veces hemos pensado que seríamos felices si estuviéramos en lugar de las personas que conocieron a Jesús. La idea de estar allí junto a Él nos hace suponer que en aquellas condiciones no tendríamos ninguna duda, que venceríamos todos nuestros miedos. Pero aquellas personas tuvieron miedo. Jesús nos llama y tenemos miedo. Miedo de ser forzados a dar un vuelco a nuestra vida. Aunque no tenemos nada que perder, preferimos quedarnos donde estamos, sin ofensa y sin alabanza, sin pena ni gloria. Una tentación dramáticamente difundida entre los cristianos.

Se dice que Juan Pablo II ha sido el más grande pontífice de los tiempos modernos. Pues bien, desde el principio puso su papado bajo el signo de la valentía. Al asomarse al balcón de San Pedro inmediatamente después de su elección, invitó claramente a todo el mundo al seguimiento de Cristo: «No tengáis miedo, abrid las puertas a Cristo». El dato es evidente, la tentación de una utópica vida cómoda y tranquila nos hace tener miedo de Cristo, que nos quiere tener en su camino de aceptación de la cruz; pero no existe vida sin dolor, sin sufrimiento, sin soledad, sin muerte. En una palabra, no existe vida sin cruz.

Lo que propone Jesús es simplemente aceptar con Él nuestra cruz, la que de todos modos debemos soportar. Aceptarla con valor para transformar la muerte en vida. El ofrecimiento es bueno, incluso ventajoso, pero nosotros lo rehusamos. Nos falta valor, tenemos miedo a Jesús que quiere que seamos valientes en aceptar y en testimoniar. Y he aquí que este razonamiento paradójicamente nos lleva al auténtico mal de nuestro tiempo. Jesús produce miedo. Pero hoy hay que preguntarse, ¿dónde están los cristianos que dan miedo? ¿Dónde está la propuesta cristiana que pone al hombre frente a la decisión ineludible o con Cristo o contra Cristo? *Es la demostración de que hemos desvirtuado a Jesucristo. Y esto es precisamente lo que quiere Satanás. La primera arma del mundo contra el cristianismo es justamente la de hacerlo tibio, insípido, insignificante. Una propuesta por la cual realmente no vale la pena luchar.*

Observando el pasaje evangélico desde este punto de vista, resulta enteramente lógico el paralelo entre los gerasenos que piden a Jesús que se vaya de su territorio y el diablo que, poco antes, había pedido a Jesús que lo dejara en aquel territorio. *Satanás desea permanecer en el lugar donde no se encuentra un lugar para Jesús. Así como por el contrario, el que es tocado por el amor de Jesús y se deja alcanzar por él, ya no desea apartarse de él.*

En efecto, en este punto el evangelio de Marcos evidencia otro interesante diálogo: el de Jesús con el que antes estaba endemoniado y que pide ser su seguidor. Ha visto la luz y no quiere ya alejarse de ella. *También en este caso Jesús parece querer romper con todas las hipótesis mesiánicas que lo querían como un jefe militar. Hace comprender al hombre liberado del demonio que es necesario otro tipo de testimonio. Todas las otras veces, Jesús cuando sana recomienda el silencio. Aquí recomienda el testimonio. Y no teme que con este se suscite un falso entusiasmo por la instauración de un reinado humano. Sabe bien que el testimonio de la expulsión de los demonios, verdaderos señores de este mundo, no valoriza la tesis del reino terreno, porque constituye un beneficio pleno y totalmente espiritual.* El mismo daño económico producido por la muerte de los cerdos es contrario a esta lógica. A los hebreos les estaba prohibido comer cerdo, pero criaban cerdos porque su venta a los romanos –o más en general a los paganos impuros– les producía buenas ganancias. Lo que la persona que antes estaba endemoniada está llamada a atestiguar es la liberación del ser humano del mal: el nacimiento del hombre nuevo. Un hombre que sabe dar testimonio de la verdad y sabe hacerlo bien porque, como señala Marcos al final de la narración, al escucharlo «todos quedaban maravillados».

El epiléptico endemoniado

Se trata de un episodio controvertido. Muchos biblistas no lo consideran un exorcismo, sino una simple curación. En conclusión: niegan que el llamado epiléptico sanado haya estado endemoniado. *Sin embargo, en esta narración hay muchos aspectos que hacen pensar en un verdadero y propio exorcismo. Sin tener en cuenta que muchas veces el demonio provoca formas de enfermedad orgánica para camuflar su presencia.* Otra anotación fundamental es que el pasaje evidencia cómo los demonios se pueden arrojar sólo con la directa intervención de Dios, la que se obtiene con la fe y la oración.

En Marcos 9,14-29, Jesús baja del Tabor con Pedro, Santiago y Juan inmediatamente después de la transfiguración. Este detalle no se debe descuidar. Los tres apóstoles habían quedado deslumbrados por la manifestación de la gloria de Dios sobre el monte, hasta el punto de querer sumergirse en ella y ya no querer volverse. En cambio Jesús de inmediato los trae nuevamente a la realidad terrena y a su compromiso espiritual de testimonio y, por tanto, de lucha contra el mal.

Al pie del Tabor hay muchas personas, entre ellas algunos escribas, que discuten animadamente con los discípulos de Jesús, seguramente con los nueve que no lo siguieron al monte. Cuando lo ven acuden a Él, y Él les pregunta: «¿De qué estáis discutiendo con ellos?». Le responde uno de la turba: «Maestro, te he traído a mi hijo poseído por un espíritu mudo. Cuando lo ataca lo tira al suelo y echa espumarajos, le rechinan los dientes y se pone rígido. He pedido a tus discípulos que lo expulsen pero no han podido». Jesús responde con un severo reproche: «¡Oh generación incrédula! ¿Hasta cuándo estaré con vosotros? ¿Hasta cuándo tendré que soportarlos? Traédmelo». Puesto delante de Jesús, el espíritu mudo reacciona sacudiendo fuertemente al chico, rodando por el suelo con convulsiones.

En este momento Jesús pregunta al padre del chico: «¿Desde hace cuánto tiempo le sucede esto?». Él respondió: «Desde la infancia. A menudo lo ha tirado en el fuego o en el agua para matarlo. Pero si puedes algo, compadécete de nosotros y ayúdanos». Jesús replica con otro reproche, que suena como una explícita exigencia de testimonio»: «¡Qué es eso de si puedes! Todo es posible para el que cree». El padre da testimonio en voz alta, tanto de su fe como de su duda: «Creo, ayuda a mi poca fe». Entonces, Jesús viendo acudir a la gente, amenazó al demonio diciendo: «"Espíritu sordo y mudo, yo te lo mando: Sal de él y ya no vuelvas más". Y gritando y sacudiéndolo fuertemente ya no volvió a entrar». Terminada la escena de la curación, Jesús entra con sus discípulos en una casa. Ellos, naturalmente, no pueden menos de preguntar: «¿Por qué nosotros no pudimos expulsarlo?». La respuesta es emblemática: «Esta clase de demonios no se puede expulsar, sino solamente con la oración».

Un texto especialmente complejo, en el que es fundamental analizar las preguntas que Jesús hace al padre del endemoniado: Es una verdadera enseñanza de cómo hay que prepararse para un exorcismo, para entender la naturaleza del mal. También nosotros hacemos las mismas preguntas, sea a la persona afectada por la posesión, o a quien más relación tiene con ella, en especial a los familiares más cercanos.

El padre del endemoniado explica que el chico se encuentra en aquel estado desde la infancia. Luego añade que lo ha tirado varias veces en el agua y en el fuego, indicando de esta manera una de las características de la acción del diablo: intentar provocar el suicidio, la muerte. Otra cuestión que desmiente la teoría de quienes sostienen que nos encontramos frente a un simple epiléptico es el hecho de que nueve discípulos de Jesús antes que Él mismo comprenden perfectamente que tienen que vérselas con un endemoniado. Lo consideran un espíritu mudo. Intentan varias veces expulsarlo sin resultado. De repente, me dan ganas de reír al pensar en la actitud hierática de estos exorcistas convencidos de lograr hacer lo que no saben. Otras veces lo han logrado. Jesús mismo los ha enviado a curar a los enfermos y a expulsar a los demonios. Cuando se dan cuenta de que son impotentes y ven a Jesús, comprenden que sólo de Él puede venir la solución del problema.

En la experiencia de los exorcistas hay historias que tienen que ver con personas poseídas desde la infancia, incluso desde el seno materno o en el momento mismo del nacimiento. Son historias terribles que siempre revelan la maldad del hombre contra el hombre.

En especial recuerdo el caso de una chica que había tenido perturbaciones diabólicas desde su nacimiento. Durante el exorcismo, cuando pregunté al diablo qué podía hacer él contra el bautismo recibido por la mujer, la respuesta que me dio fue:

—«Yo llegué primero. Antes de que la bautizaran yo estaba en ella».

Una respuesta verdaderamente inquietante ante la que era necesario entender cómo había podido suceder semejante cosa. Interrogando a los padres no había aparecido nada extraño, ningún episodio en los primeros meses de vida que pudiera despertar alguna sospecha. Dado que también en los exorcismos siguientes el diablo insistía en que había llegado primero, pensamos en ir al hospital en donde había nacido la chica. La madre había sido hospitalizada en una clínica de Bolonia, donde descubrimos que había un obstetra satanista que cuando nacía un niño lo consagraba inmediatamente al diablo.

Si no hay intervención humana, el diablo permanece bloqueado. Como también queda bloqueado cuando tiene que ver con personas unidas a Dios, por una gran fe, por una vida de oración, por una predilección particular del Omnipotente, por la devoción hacia la Santísima Virgen, por una gracia especial, a lo mejor recibida por intercesión de algún santo. En estos casos se está protegido. Al mismo tiempo, no hay duda de que las oraciones de la madre valen también para el niño que lleva en su vientre. Así su vida de fe, su cercanía con Dios, su confianza en la Virgen, en los santos, en el Ángel de la Guarda, en las bendiciones del sacerdote, son una protección contra el demonio también para el hijo, que ora a través de la madre. En un tiempo se creía que un niño nacido de una mujer bautizada de por sí estaba bautizado. La consagración a Dios de la madre también valía para el hijo, carne de su carne.

En el episodio evangélico es particular la forma como Jesús pide abiertamente una manifestación de fe al padre del chico, que le había pedido actuar. Un momento antes les había llamado la atención a sus discípulos, que no habían podido expulsar al demonio: «¡Oh generación incrédula!... ¿Hasta cuándo tendré que soportarlos?». Palabras durísimas. Con el padre, en cambio, aun en el reproche, se comporta con dulzura, como si su sufrimiento fuera de alguna manera un derecho de prelación. Le pidió que tuviera compasión, «si puedes algo». La réplica de Jesús, como siempre, no deja espacio para vacilaciones: «¡Qué es eso de si tú puedes! ¡Todo es posible para el que cree!». El hombre es enfrentado a una opción y responde un poco como otro padre famoso del evangelio, el centurión, que pedía la curación de su hijo moribundo. Confía con una insistencia, a un mismo tiempo humilde y convencida: «Creo, ayuda a mi incredulidad».

Un gran hombre de fe y un gran obispo, Juan Bautista Scalabrini, refiriéndose a la oración, en una carta pastoral para la Cuaresma de 1905, se expresaba con estas iluminadoras palabras: «La oración es Dios que baja cuando es invocado. Cuando es humilde, la oración no sólo iguala, sino que supera, casi lo diría, al poder mismo de Dios. Dios es omnipotente, dice el profeta, y ¿quién puede resistirle? La oración, respondo yo».

Ahora bien, he aquí que Jesús, casi imposibilitado a no acoger la humilde petición de aquel hombre, se dispone a escucharlo. *Viendo acudir a la gente se apresura, parece tratar de hacer las cosas sin mostrarse demasiado. La necesidad de deber corresponder a la oración del padre del chico contrasta con el fastidio para con aquella turba que busca sensacionalismo, incapaz de comprender cuál es el objetivo por el que ha venido Jesús. Luego habla directamente al espíritu: «Espíritu mudo y sordo, yo te lo mando...»*.

Cuando el demonio es expulsado, los discípulos se sienten mal. Entrando en una casa donde los había llevado Jesús, deseoso de apartarse, le preguntan por qué motivo ellos no pudieron. La respuesta de Jesús suena como una ulterior confirmación de que no se trataba de una simple enfermedad, sino de una presencia diabólica: «Esta clase de demonios no se expulsa sino con la oración».

En el evangelio de Mateo, a la necesidad de la oración se añade también el ayuno. Por otra parte, en el mundo judío la oración y el ayuno siempre estaban unidos cuando alguien se encontraba ante un problema grave, un acontecimiento importante, una opción de vida fundamental. En el episodio de los Hechos de los Apóstoles que da comienzo a los viajes de Pablo, los discípulos de Antioquía oran y ayunan antes de despedir al apóstol y a Bernabé, que parten para su primer viaje.

La tempestad calmada

Para muchos teólogos y biblistas el episodio de la tempestad calmada debe leerse como un verdadero y propio exorcismo. Yo siempre lo he considerado así. El mismo Benedicto XVI en una reciente homilía en la iglesia de San Giovanni Rotondo, sostiene esta tesis.

Continuando nuestro viaje por el evangelio de Marcos, encontramos la narración al final del capítulo 4, inmediatamente antes del milagro del endemoniado de Gerasa. «Jesús dijo a sus discípulos: "Pasemos a la otra orilla". Despiden a la gente y lo llevan en la barca como estaba; e iban otras barcas con Él. En esto se levantó una fuerte tormenta y las olas irrumpían en la barca, de suerte que ya se anegaba la barca. Él estaba en la popa durmiendo sobre un cojín. Lo despiertan y le dicen: "Maestro, ¿no te importa que perezcamos?". Él, habiéndose despertado, increpó al viento y dijo al mar: "¡Calla, enmudece!". El viento se calmó y sobrevino una gran calma. Y les dijo: "¿Por qué estáis con tanto miedo? ¿Todavía no tenéis fe?". Ellos se llenaron de gran temor y se decían unos a otros: "Pues, ¿quién es este que hasta el viento y el mar le obedecen?"».

Una narración que hemos leído y escuchado muchas veces, que se ha vuelto proverbial, por algunos aspectos hasta un poco obvia: El agua, la barca, la tempestad, el peligro y Jesús, que realiza el milagro. Parece el boceto de uno de aquellos cuadros de marineros que adornan y expresan la fe en muchos santuarios. Pero también aquí se manifiesta evidentemente la acción salvífica de Jesús frente al maligno.

Ante todo hay que anotar que los apóstoles eran pescadores. Conocían bien las insidias del lago de Tiberíades, que por lo demás es pequeño y no ciertamente sujeto a tempestades terribles. Junto a ese lago crecieron y han trabajado para dar de comer a sus familias. Así que no se habrían adentrado en aguas profundas si el tiempo hubiera amenazado tempestad. *En cambio para ellos parece natural embarcar a Jesús para ir a la otra orilla. La tempestad se desencadena inmediatamente después, violenta y desacostumbrada. Ellos, como hombres expertos, la perciben como algo extraordinario, tienen miedo y temen perder la vida. Al contrario, Jesús duerme plácidamente en un cojín. En la narración intencionalmente es contrapuesto a los discípulos espantados. Su tranquilidad es la de quien por su vida de fe, por su cercanía con Dios, no teme la acción del maligno.*

La contraposición es evidente: «¿No te importa que perezcamos?». Tú duermes y todos nosotros corremos el riesgo de morir. Luego Jesús manda al viento y a las aguas, como si fueran seres animados con vida propia. No es casual que los apóstoles y los que estaban con ellos en las otras barcas queden pasmados: «¿Quién es este que manda al viento y a las aguas?».

Según el biblista Emanuele Testa eran los demonios quienes provocaban olas y vientos impetuosos. Su objetivo era hacer que Jesús muriera o sencillamente demostrara miedo frente a los poderes del mal. Es evidente la acción del demonio que insinúa el terror, que busca la muerte. En este caso la muerte y el miedo de Aquel que es fuente de la vida y origen de todo el bien. Benedicto XVI proporciona la misma lectura. «Jesús –explica en la homilía sobre la tumba del padre Pío– amenaza al viento y ordena al mar que se calme, lo interpela como si el mar se identificara con el poder diabólico». La referencia al Salmo 106/107 leído en aquella misma celebración, es evidente: «Un viento de borrasca hizo encresparse las olas; al cielo subían, bajaban al abismo, su espíritu se hundía bajo el peso del mal; daban vuelcos, vacilaban como ebrios, no les valía de nada su pericia. Pero clamaron al Señor en su apuro, y Él los libró de sus angustias. A silencio redujo la borrasca, las olas callaron a una. Ellos se alegraron al verlas calmarse, y Él los llevó al puerto deseado».

«El gesto solemne de calmar el mar tempestuoso –afirma el Papa– es claramente signo del señorío de Cristo sobre las potencias negativas e induce a pensar en su divinidad». No es casual que los discípulos se pregunten quién es este al que el viento y el mar le obedecen. «La de ellos no es todavía una fe firme, apenas se está formando; es una mezcla de miedo y de confianza. Al contrario, el abandono confiado de Jesús en el Padre es total y puro. Por este poder del amor, Él puede dormir durante la tempestad, completamente seguro en los brazos de Dios. Pero vendrá el momento en que también Jesús sentirá el miedo y la angustia. Cuando llegue su hora sentirá en sí todo el peso de los pecados de la humanidad, como una ola en crecida que está a punto de desplomarse sobre Él. Esta sí será una tempestad terrible, no cósmica, sino espiritual. Será el último extremo del mal contra el Hijo de Dios».

Por tanto, la lógica es evidente. Así como asalta a Jesús en el Huerto de los Olivos, forma viento y tempestad en el intento de matarlo con todos sus discípulos. *Cuando Jesús manda al viento y a las aguas, cumple un verdadero exorcismo. Por otro lado, como hemos visto, el diablo puede posesionarse de los objetos, de los animales y de las fuerzas de la naturaleza en el intento de llevar a cabo su estrategia de muerte sobre el hombre. Un objetivo que el diablo piensa haber alcanzado cuando logra hacer matar a Jesús. Es de resaltar a este propósito que también Judas se suicida, tentado por el diablo y sometido por él hasta el final, incluso cuando comprende el mal terrible que ha llevado a cabo.*

Es la contraposición eterna. Dios es el Dios de la vida, del bien, de la bondad, de la misericordia, del perdón. El diablo es exactamente lo contrario. Odio, enemistad, perdición y destrucción son sus características. La muerte ha entrado en el mundo por medio de él. Muy eficazmente san Agustín decía que «si Dios no le pusiera límites, nos mataría a todos». Pero como se lee en la primera Carta de Juan en el capítulo 5: «Todo el que nace de Dios vence al mundo y esta es la victoria que ha vencido al mundo: nuestra fe». Es el testimonio conciso, preciso, de lo que quiere decir ser cristiano. Si dices ser cristiano, debes aspirar a comportarte según las enseñanzas de Cristo, de lo contrario no lo eres. «Que nadie os engañe. El que practica la justicia es justo como Él es justo. El que comete el pecado viene del diablo, porque el diablo es pecador desde el principio. Ahora bien, el Hijo de Dios ha aparecido para destruir las obras del diablo... No os admiréis si el mundo os odia. Nosotros sabemos que hemos pasado de la muerte a la vida porque amamos a los hermanos. El que no ama permanece en la muerte» (1Jn 3,7-8.13-14).

En el Ángelus del primer domingo de 2010, después de haber recordado que la esperanza del cristiano no da ninguna fe a horóscopos y pronósticos de cualquier clase, Benedicto XVI manifiesta: «Nosotros confiamos en el Dios que en Jesucristo ha revelado de forma completa y definitiva su voluntad de estar con el hombre, de compartir su historia para guiarnos a todos a su reino de amor y de vida... El reino de Dios viene ciertamente, mejor dicho, ya está presente en la historia y gracias a la venida de Cristo ya ha vencido la fuerza negativa del maligno. Pero todo hombre y mujer es responsable de acogerlo en su propia vida día tras día... Cada vez que el Señor quiere dar un paso adelante junto con nosotros hacia la tierra prometida, toca primero a la puerta de nuestro corazón, por así decir, espera nuestro sí».

La segunda anunciación

«Sub tuum praesidium confugimus...». *Es la más antigua invocación a la Santa Madre de Dios. «Bajo tu amparo nos acogemos». El confiarse a María Santísima es la vía maestra y de alguna forma la más sencilla para quien quiera mantenerse alejado del demonio. Nos dirigimos a María porque sentimos la necesidad de ser protegidos de todos los peligros. La historia de la Iglesia, de sus santos y de los pueblos cristianos evidencia una constante devoción a María, que ha llegado a su culmen en los momentos de prueba, en las situaciones más dolorosas. Desde siempre es considerada el recurso en los momentos difíciles. María es invencible para el demonio. Yo mismo le he preguntado muchas veces en los exorcismos por qué le tiene tanto miedo. Y él invariablemente me ha respondido:*

—«Porque siempre me vence, porque nunca ha sido tocada por la más pequeña sombra de pecado».

Pablo VI decía: «Todo lo que combate al pecado combate al demonio». Este es el motivo por el que el diablo tiene tanto miedo de la Santísima Virgen. Ella no puede ser tocada por el pecado. De otra parte, basta leer la Biblia para comprenderlo. María está asociada desde el principio a la lucha y a la victoria sobre el diablo (Gén 3,15): «Pondré enemistad entre ti y la mujer, entre tu linaje y el suyo: él pisoteará tu cabeza mientras tú acechas su calcañar». Y nuevamente nos es presentada María en lucha contra Satanás en el capítulo 12 del Apocalipsis: «Un gran signo apareció en el cielo: una Mujer vestida de sol, con la luna bajo sus pies, y una corona de doce estrellas sobre su cabeza; está encinta, y grita con los dolores del parto y con el tormento de dar a luz. Y apareció otro signo en el cielo: un gran dragón rojo...». El Génesis y el Apocalipsis. El primero y el último libro. La lucha que comienza al principio de los tiempos durará hasta el final de los tiempos, como también lo especifica el ya citado pasaje de la Gaudium et spes: *«...la historia humana está impregnada de una lucha tremenda contra los poderes de las tinieblas... que durará hasta el último día».*

Por tanto, María está asociada a la acción de Cristo, que ha venido al mundo con el objetivo preciso de destruir el reino de Satanás e instaurar el reino de Dios. Desde su concepción el plan de Dios es mariano. Como afirmaba el mismo Pablo VI, no se puede ser cristianos sin ser marianos. La Iglesia no diviniza a María, sino que destaca su relación privilegiada con la Santísima Trinidad, la honra así como María fue honrada por la Trinidad.

Es significativo el hecho de que en la Biblia la Trinidad aparezca por primera vez en toda su claridad precisamente en el momento en que Jesús es concebido en María: Dios Padre que envía al ángel Gabriel; el Hijo que se encarna en María; el Espíritu Santo por obra del cual tiene lugar la encarnación. Desde ese momento en adelante María está consagrada por completo a Jesús, en total colaboración con Él, asociada a su misión. Por esto la rivalidad de María con el demonio es incesante y acompaña nuestra lucha personal. Por eso María es nuestro escudo.

La misión de María se comprende plenamente al pie de la Cruz. «Jesús entonces, viendo a su madre y al lado de ella al discípulo que Él tanto quería, dijo a su madre: "Mujer, ahí tienes a tu hijo". Luego dijo al discípulo: "Ahí tienes a tu madre". Y desde aquella hora el discípulo acogió a María en su casa» (Jn 19,26-27). Jesús nos confía a María, como Él mismo fue confiado a ella por el Padre. Para María comienza una nueva misión, como una segunda anunciación. Es un encargo que tiene que ver con cada uno de nosotros y que durará hasta el fin del mundo. María, Madre de la Iglesia, está siempre presente. Lo atestigua la gran variedad de títulos con que, desde siempre ha sido invocada. Nos corresponde hacer como el apóstol Juan: «Desde aquella hora el discípulo la acogió en su casa». San Bernardo de Claraval afir-

maba: «María es toda la razón de mi esperanza... Veneremos a María con todo el ímpetu de nuestro corazón, de nuestros afectos, de nuestros deseos. Así lo quiere el que estableció que nosotros tuviéramos todo por medio de ella». María es un gran don de Dios. Nosotros debemos acogerlo en nuestra vida. Debemos abandonarnos a ella. Dejarnos educar por ella, como lo hizo Jesús. Por lo demás, la acción de María en toda la historia de la Iglesia resulta muy evidente. Es suficiente considerar el extraordinario florecimiento de santuarios marianos en todo el mundo, con frecuencia consecuencia de apariciones. Y en cada uno de ellos, en su historia, en los testimonios de fe que la renuevan, lo mismo que en los mensajes dados por María en sus apariciones, siempre aparece el contenido de lo que puede considerarse el testamento de María, a saber, sus últimas palabras referidas por los evangelios, dirigidas a los servidores en las bodas de Caná: «Haced lo que Él os diga» (Jn 2,5).

Detrás de cada santuario mariano hay una historia de alguna forma milagrosa, ligada al encuentro de una imagen, a una aparición, a la promesa escuchada de un pueblo, de una ciudad o de una persona individual. Vicisitudes de amor filial, alrededor de las que se han construido comunidades enteras. Baste solamente pensar en los santuarios marianos construidos de cara al mar, junto a los puertos, donde los marineros se acogían a Nuestra Señora, la Virgen de su santuario, en los viajes que en aquellos tiempos podían durar incluso años. Pensemos en sus familias, que periódicamente visitaban el mismo santuario para encomendar la vida del cónyuge a los brazos poderosos de la Madre celestial. En este sentido los cuadros de los marineros que salen ilesos de naufragios o de tempestades son fascinantes y capaces de narrar con frecuencia en preciosas formas artísticas cómo la vida, aun la más sencilla, puede estar auténticamente impregnada de fe y recibir la luz y la esperanza de la relación directa con lo trascendente.

Historias y testimonios de fe esparcidos en el tiempo y en el espacio geográfico que nacen y se desarrollan en contextos muy diversos entre sí, que nunca promueven nuevas doctrinas, sino un constante reclamo a Jesús. En muchos siempre hay una actualización y adaptación a las necesidades del tiempo y del lugar en que sucede la aparición o se ha manifestado el milagro que ha inducido a la construcción del santuario. El centro de los mensajes es la palabra de Jesús y el culto en los santuarios siempre está centrado en Jesús Eucarístico. Y, con inmensa eficacia pastoral, los santuarios son un estímulo a la conversión, a la oración, a un acercamiento de los pueblos a Jesús y a la Iglesia. Nos viene a la mente Guadalupe, poco después del descubrimiento de América. La Salette, en un momento tan delicado para la historia de Europa. Banneux, en el corazón de Bélgica, entre los dramas de las dos guerras mundiales. Y luego Rue Du Bac, Fátima con su extraordinaria actualidad, Lourdes con su insondable testimonio de amor. A través de Nuestra Señora se nos muestra el camino, se corre en nuestra ayuda, se pone en guardia a la humanidad contra la tontería de sus propios errores, se atestigua la infinita misericordia divina, se invita al hombre a convertirse para acogerse totalmente a ella, que es intermediaria universal de gracia. Cada gracia pasa a través de ella, que nos protege a todos.

Nos preguntamos qué sería hoy de la fe de los franceses, e incluso de toda Europa, fuertemente influida por la ideología jacobina, sin las tres extraordinarias apariciones que marcaron la primera parte del siglo XIX: la célebre Virgen de la Medalla Milagrosa en París en 1831, con la iglesia de Rue Du Bac que es todavía la más frecuentada de la capital francesa; la aparición de La Salette en 1846, con su profético mensaje que anticipa el de Fátima; Lourdes en 1858, con la confirmación del dogma de la Inmaculada Concepción. Qué sería de la fe de los portugueses sin Fátima, de la fe de los italianos sin los más de mil santuarios marianos esparcidos por toda la península. Son lugares donde resuena potente el mensaje evangélico, frente a todas las herejías, a todas las perversidades de los individuos y de la historia. No es casual que Juan Pablo II los haya definido como «antenas permanentes de la Buena Nueva».

Y las apariciones continúan, así como no cesa el surgimiento de nuevos santuarios marianos en todos los rincones del mundo, aun en los más apartados. Eventos que vienen a demostrar que la misión terrena de Nuestra Señora nunca se termina. Prosigue a lo largo de los siglos y en algunos períodos se hace más intensa, según las exigencias de la humanidad. Por otro lado, tampoco la misión terrena de Jesús ha terminado. Él mismo lo ha prometido, como se lee en el Evangelio: «No os dejaré huérfanos. Permaneceré con vosotros hasta el fin del mundo».

Basta pensar en la Eucaristía para comprenderlo. El sufrimiento de Jesús se renueva diariamente. En el momento en que se ofreció a sí mismo sufrió viviendo en primera persona todas las culpas y todos los pecados hasta del último hombre. Cada vez que alguien muere en pecado mortal se desperdicia una parte de la sangre de Jesús. Un concepto que fue expresado muy a menudo por el padre Pío a una mujer que le contaba sus grandes sufrimientos, y explicaba que estos no eran ciertamente los sufrimientos de Jesús, sino que se prolongaban mucho más tiempo que lo que duraron los de Jesús, «porque Jesús sufrió solamente tres horas».

La respuesta del santo fue perentoria:

—«Usted no entiende nada. ¿No sabe usted que Jesús está en la cruz hasta el fin del mundo?».

Sobre esto san Pablo era preciso: «Completo en mi carne lo que falta a la pasión de Cristo». ¿Qué falta? La cooperación mía, la nuestra. Nuestra contribución sirve. «El que quiera ser mi discípulo niéguese a sí mismo, tome su cruz y sígame».

Un recurso para el mundo

Siguiendo el hilo de las apariciones, de sus mensajes y de sus consecuencias en la historia, lo hemos dicho, aparece la verdadera pedagogía mariana. Es como si Nuestra Señora nos tomara de la mano y nos guiara por los caminos de la vida, indicándonos los peligros, los obstáculos, ayudándonos a llevar nuestra cruz. En la constante lucha contra el demonio, María no pierde ocasión para hacernos entender que ella está de nuestra parte y que basta acogerse a su intercesión para salir siempre victoriosos. Más en concreto, o mejor, Nuestra Señora nos señala los medios que tenemos a nuestro alcance para alejar el mal, para evitárnoslo a nosotros y a toda la humanidad. En muchos mensajes de Medjugorje pone en guardia contra las argucias de Satanás. Indica el camino de la oración e incluso nos señala las palabras. Nada más ni nada menos de lo acontecido en la historia de la salvación, en la que el pueblo de Dios, acogiendo las enseñanzas de su Señor, logra triunfar sobre sus enemigos, y en caso contrario es derrotado. Y ciertamente no se puede considerar casual que en los lugares de las apariciones sucedan tantas conversiones, que tantos quieran retomar el sacramento de la penitencia, muchísimas liberaciones del demonio y sanaciones. La misión dada por Cristo a los doce, que se perpetúa en María: anunciad el Evangelio, perdonad los pecados, sanad a los enfermos, expulsad los demonios.

Cada aparición, aunque ilumina la vivencia humana en todo su recorrido, está ligada al momento histórico. Los mensajes dados tienen particular relación con lo que es más necesario a la sociedad en aquel momento o en perspectiva inmediata. La primera gran aparición reconocida por la Iglesia en nuestra época tiene lugar en París, en la capilla del convento de las Hijas de la Caridad en Rue Du Bac en junio de 1830 y se repite en noviembre. La vidente es una religiosa, sor Catalina Labouré. En la primera aparición, María se detiene a hablar un buen rato con ella y le cuenta cosas terribles que están por suceder en Francia y en Europa: «Hija mía, los tiempos son muy tristes; grandes calamidades están a punto de golpear a Francia; el trono será derrocado; todo será conmovido por desgracias de todo género (cuando decía esto la Virgen tenía un aspecto muy triste). Pero venid al pie de este altar; aquí las gracias se derramarán sobre todos... sobre todas las personas que las pidan con confianza y fervor, sobre los pequeños y los grandes...».

En la segunda, se le muestra en forma de medalla oval y pide que haga acuñar y difundir aquella imagen en millones de copias. Sobre la primera cara, en torno a la Virgen, de la cual emanan rayos de luz, hay doce estrellas y se lee la jaculatoria con la que ella invita a orar para obtener las gracias que dice que quiere dispensar sobre toda criatura: «Oh María concebida sin pecado, ruega por nosotros que recurrimos a ti». Expresión que anticipa la declaración del dogma de la Inmaculada Concepción proclamado en 1854. Por la otra cara, además de una M superpuesta a una cruz, aparecen los corazones de María y de Jesús. La imagen tiene una enorme difusión. Muy pronto se comienza a hablar de milagros, empezando por el retorno de un obispo protestante a la Iglesia.

Hoy la iglesia de Rue Du Bac es ciertamente la más frecuentada de París. Y es muy especial la historia de Catalina Labouré, que logra mantener el secreto sobre su realidad de vidente frente a todos los que la conocen. Habla de la visión sólo a su director espiritual y este la refiere al obispo, porque ella insiste en la necesidad de hacer acuñar las medallas. El obispo acepta. Catalina sigue viviendo en el mismo convento, donde todas sus cohermanas llevan la medallita milagrosa, pero ninguna de ellas está al corriente del hecho de que la Virgen se le apareció precisamente a ella.

El significado de la unión de los corazones misericordiosos de Jesús y María por la salvación de la humanidad colocados por detrás en la medalla, se hará explícito solamente en Fátima en 1917. En este sentido, la Virgen de la Medalla Milagrosa puede en cierto modo considerarse una anticipación, o mejor, una preparación tanto de Lourdes, donde María misma dice que es la Inmaculada Concepción, como de Fátima.

La segunda gran aparición tuvo lugar el 19 de septiembre de 1846 en La Salette (Francia), un pequeño pueblo sobre las montañas del Delfinado. Los dos videntes, Melania Calvat y Máximo Giraud, cuentan haber recibido un mensaje y un secreto durante un encuentro con la Virgen. En el secreto, cuyo texto redactado definitivamente por la vidente en 1879 tuvo el imprimatur del entonces obispo de Lecce, en cuya diócesis se fue a vivir Melania, se anuncian las terribles revueltas que atravesarían a Europa y al mundo en los decenios siguientes: de las guerras civiles a las guerras mundiales. Se subraya el intento repetido e insistente de todos los gobernantes por borrar a Cristo de la vida y de la historia de los pueblos. Luego, en su segunda parte, la que nos atañe más directamente porque debería referirse a días más cercanos a nosotros, el contenido se vuelve fuertemente apocalíptico, con tonos que recalcan mucho los de la visión del Apocalipsis de Juan, con el advenimiento del reinado del mal y del triunfo definitivo del bien.

A la luz de estas visiones, se invita a los hombres a orar con intensidad, a encomendarse a fin de que estas cosas no sucedan. Una invitación que se repite en todas las apariciones y que está en el centro, por ejemplo, de gran parte de los mensajes de Medjugorje, donde la Virgen se apareció por primera vez diez años antes de la guerra civil de Yugoslavia, invitando explícitamente a orar por la paz. Luego en cuanto a lo que había que hacer, la Virgen en La Salette insiste en tres puntos, muy sencillos y comprensibles para todos: no blasfemar; cumplir con la santa misa festiva; observar la abstinencia y el ayuno. Una síntesis de las virtudes cristianas: respeto, adoración, oración, caridad, humildad y penitencia.

Siempre en Francia, años después ocurren las 18 apariciones de Lourdes. En un momento en que el ateísmo y el racionalismo van volviéndose las ideologías dominantes, la Virgen recomienda penitencia y oración, luego hace brotar el agua, signo de purificación, de curación, de vuelta a la unión con Dios. Signos de extraordinaria e imperecedera actualidad. Un llamamiento fuerte a una vida de fe, un llamamiento al valor del sufrimiento. En un mundo positivista y egoísta, la Virgen recurre a una muchachita pobre e ignorante para recordar que todo depende de la fe, también en el dolor, en la necesidad de reparación. Sólo en la vuelta a Dios se encuentra el camino, se da un sentido a la vida en cualquier situación en que uno se encuentre. Lourdes se convierte de inmediato en el santuario de las curaciones, se hace famoso en todo el mundo, y es un punto de referencia para los enfermos. Pero es también lugar de conversiones. Muchísimas personas que en Lourdes no han sido curadas físicamente, han comprendido que su misión estaba precisamente en el sufrimiento, en el testimonio de que el único camino que conduce al paraíso pasa a través del Calvario, y no hay más caminos.

También son muchas las liberaciones de posesiones o asechanzas diabólicas. *Muchas de las personas que he exorcizado se han liberado definitivamente en el curso de una peregrinación a Lourdes. Casi siempre sucede de forma muy sencilla. Se va allí, incluso después de años de exorcismos, se arrodilla en la gruta o en sus cercanías, se ora y de improviso la persona se siente libre. Para estas personas es una alegría inmensa, imposible de describir.* Pero también hay casos en que las cosas se suceden de forma tan tranquila. El padre Gabriel cuenta el caso particular de una mujer anciana de la provincia de Brescia, Italia, poseída desde hacía muchos años, que tenía manifestaciones rabiosas para con todos los objetos sagrados y toda clase de oración. *Después de muchos e inútiles intentos, sus amigos y parientes deciden probar llevándola a Lourdes. La inscriben en la peregrinación con mucha dificultad, porque de ordinario este tipo de enfermos no es aceptado en los grupos. Ante la gruta comienza a inquietarse e intenta huir. La cosa empeora cuando insisten en que se sumerja en las piscinas, hasta que sus acompañantes y enfermeras deciden hacerla entrar por la fuerza. A pesar de su edad, se rebela fuertemente y logra arrastrar consigo también a una de sus acompañantes. Sin embargo, la liberación fue instantánea. Ninguno de los presentes ha olvidado el rostro de felicidad y las manifestaciones de gozo de aquella anciana mujer mientras salía del agua.*

En el plan pedagógico de las apariciones marianas está Fátima, al comienzo de un siglo terrible, a las puertas de la I Guerra mundial. Una aparición que parece seguir de cerca a la de La Salette y que al mismo tiempo anuncia las apariciones más cercanas a nosotros, las muchas que se han sucedido en todo el mundo en los últimos decenios. También aquí son revelados secretos. Pero lo importante es que la Virgen no sólo revela guerras y catástrofes, sino que enseña a evitarlas. En especial invita a cada fiel a consagrarse al corazón inmaculado de María, al mismo tiempo pide que sea consagrada también Rusia a fin de que no difunda su pecado en el mundo. *Esto último, que de hecho nunca tuvo lugar oficialmente incluso para no poner en peligro el diálogo ecuménico. Y las consecuencias, si las queremos identificar como tales, se han visto en el curso del siglo en todo el mundo, en términos de contaminaciones ideológicas, de difusión del ateísmo, de guerras, de profanaciones, de violencias, de exterminio de pueblos enteros, etc. Consecuencias cuyos frutos perversos siguen mostrándose con plena evidencia.*

En cambio tuvo lugar la consagración del mundo al corazón inmaculado de María, según lo pedido en una visión por Jesús a la beata portuguesa Alejandrina María da Costa en los años 30. Una mística extraordinaria que vivió en su carne la pasión de Cristo, tuvo los estigmas y vivió sus últimos trece años alimentándose solamente de la Eucaristía. Fue Pío XII quien consagró el mundo al corazón de María en 1942, en una transmisión radiofónica que se dirigía al episcopado portugués, en presencia del embajador de Portugal ante la Santa Sede. En efecto, el episcopado portugués era el que había pedido al Papa hacer lo que pedía la beata, que en esa época todavía vivía.

La Virgen en Fátima había sido muy precisa en cuanto a Rusia. Si se hace la consagración y si se escuchan mis palabras, habrá paz; si no, vendrá otra guerra peor que la actual. Si no se hace la consagración, Rusia difundirá por el mundo sus errores. Al final mi corazón inmaculado triunfará. Rusia se convertirá. Se dará al mundo un período de paz. Tres cosas que según muchos observadores todavía no se han dado. *Una tesis avalada por las apariciones posteriores a sor Lucía, una de los tres videntes de Fátima. En una de estas la Virgen explicó que como no fueron suficientes sus palabras y sus profecías para convencer a las personas y no habiéndose hecho lo que ella había pedido explícitamente: «Dios me manda a mí misma como último recurso para el mundo».*

Algunos años después de Fátima, en 1933, entre las dos guerras mundiales, diez años antes de la terrible batalla de las Ardenas, en Banneux, un pueblo muy pobre y minúsculo de Bélgica, tuvo lugar la última de las apariciones oficialmente reconocidas por la Iglesia en Europa. La vidente, Mariette Becò, todavía viva, es una niña de doce años, hija de unos humildes campesinos nada devotos. Precisamente la conversión del padre, un auténtico anti-curas, fue el signo pedido a la Virgen por el párroco del lugar, para tener una auténtica confirmación personal de la bondad de las manifestaciones.

Mariette nació el 25 de marzo, fiesta de la Anunciación, y en aquel año, 1921, viernes santo. Días antes de las apariciones encontró en el suelo un rosario, en el camino que lleva al pueblecito. Coincidencias que después la misma Mariette señalará como signos de predilección para con ella. Las apariciones son ocho en pleno invierno. La primera vez Mariette está en la ventana. Está oscuro y espera el regreso de uno de sus hermanitos. La Señora se le aparece en el huerto delante de la casa. El rostro es tan brillante que ilumina la noche. María abre las manos y con el índice de la derecha le hace una señal para que se acerque, pero su madre le impide salir. Las noches siguientes, a la misma hora, Mariette sale sin decir nada y se arrodilla en el lugar donde había visto a la Virgen. La segunda aparición tiene lugar a la misma hora, tres días después, el 18 de enero. El padre, que está siguiendo los movimientos de la niña, la ve arrodillada y dedicada a rezar el Rosario. La Virgen se le aparece luminosa, sobre una especie de nubecita gris un poco por encima de la tierra. Mariette ora con el rosario encontrado y la Virgen ora con ella. Después le hace señas de que la siga por el camino que conduce al pueblo. El padre, que ve a la hija encaminarse en la noche por el sendero, la llama, la sigue. Ella, sin volverse, responde: «Ella me llama». Dos veces se detiene, se arrodilla en oración. A la tercera parada, María está al lado de una fuente. Se dirige a Mariette y le dice: «Mete las manos en el agua». La niña obedece y el rosario se le cae dentro. Luego la Virgen añade: «Esta fuente está reservada para mí».

Las apariciones posteriores siguen el mismo esquema. En ellas María determina con pocas palabras el sentido del simple mensaje confiado a la niña, acompañándolas con un amplio signo de la cruz, en señal de bendición. «Yo soy la Virgen de los pobres», «esta fuente es para todas las naciones, para los enfermos», «oraré por ti», «deseo una pequeña capilla», «yo vengo a aliviar el sufrimiento», «creed en mí, yo creeré en vosotros», «orad mucho», «mi querida niña, ora mucho», «yo soy la Madre del Salvador, Madre de Dios». Sus últimas palabras, el 2 de marzo, ante la fuente, cuando ya hay decenas de personas en oración alrededor de la niña, son: «Orad mucho».

Algunas palabras sencillas, en clarísimo contraste con los fascinantes deseos mundanos, ilusiones del demonio. El sentido íntimo, humilde, pobre, infantil del ser cristiano: la confianza total en Nuestro Señor reconociendo en Él la fuente de agua viva dada a las naciones, en la cual se puede encontrar alivio para los sufrimientos, la única luz capaz de iluminar las tinieblas. Desde aquel 15 de enero de 1933, todas las noches en Banneux se reza el Rosario desplazándose al lugar de la aparición junto a la fuente.

Y precisamente la petición explícita de la Virgen, rezar el Rosario, «especialmente los misterios dolorosos», se repite en las apariciones de Kibeho, en Ruanda. Decenas de episodios sucedidos entre el 28 de noviembre de 1981 y finales de 1989, que involucraron con certeza a tres videntes entre los 16 y los 21 años, todas estudiantes de un pequeño colegio con 120 alumnas, dirigido por religiosas, donde se enseña a ser maestras y secretarias. La primera vez la Virgen se aparece a la más pequeña de las tres, Alfonsina Mumureke. Es el 28 de noviembre de 1981, es decir, algunos meses después del comienzo de las apariciones en Medjugorje y doce años antes de las espantosas masacres de la guerra civil entre Tutsis y Hutus. Son las 12:35. Las muchachas están todas en el comedor. Alfonsina está sirviendo la mesa, cuando se siente llamada:

—«Hija mía, ven acá».

La voz proviene del corredor y la muchacha va hacia el lugar. Se le aparece una joven de una belleza incomparable, vestida de blanco, con el velo en la cabeza, las manos juntas.

—«¿Quién eres?», pregunta Alfonsina.

La respuesta no deja dudas:

—«Soy la Madre del Verbo».

Luego añade:

—«Vengo a responderte, porque he escuchado tus oraciones. Yo quisiera que tus compañeras tuvieran fe, porque no creen lo suficiente».

En total, la aparición dura ocho minutos. Las compañeras de Alfonsina la han oído hablar sola y no creen en lo que ella les cuenta. Comienzan a burlarse, a decir que es una loca visionaria. Ella entonces, que tiene en los días siguientes nuevas visiones, le pide a la Virgen que se les aparezca también a sus amigas de modo que puedan creerle. La complace el 12 de enero. La afortunada es Natalie Mukamazimpaka, que tiene 17 años. Pero lo que ella cuenta no sirve para hacer cesar el escepticismo. El problema se resuelve el 2 de marzo siguiente, cuando la Virgen se aparece a Marie Claire Mukangango. Tiene 21 años y es la líder de las escépticas. Cuando también no puede dejar de contar que ha visto a la Virgen, todo el colegio comienza a comprender que está sucediendo algo extraordinario.

Y algo extraordinario sucede la mañana del 31 de mayo de 2003, ante los ojos de cien mil personas y del cardenal Crescencio Sepe, enviado a Kibeho para la consagración del nuevo santuario dedicado a Nuestra Señora de los Dolores. El lugar se convirtió en destino de peregrinaciones de toda el África y de todas partes del mundo, una especie de Lourdes del Continente Negro. Después de una prolongada investigación, el obispo de la diócesis de Gikongoro, monseñor Agustín Misago, y la Congregación para la Doctrina de la fe han llegado a la conclusión de que «La Virgen María se ha aparecido en Kibeho...». Pues bien, aquella mañana de mayo de 2003, a las 10:00, cuando la procesión solemne hacia el nuevo santuario acababa de comenzar, alguien se pone a gritar:

—«¡Mirad al sol, mirad al sol!».

El cardenal, el obispo y todos los presentes levantan los ojos al cielo. El luminoso y cálido sol africano no deslumbra, se deja mirar sin provocar fastidio alguno a los ojos. En torno al sol se nota un astro luminosísimo, del tamaño de la luna, en un mar de colores. El fenómeno dura ocho minutos, es visto por todos y es documentado por filmaciones y fotografías. Un signo en el lugar de las apariciones, como en Fátima el 13 de mayo de 1917.

Precisamente como en Fátima, las tres videntes han tenido una terrible visión premonitoria de sangre y destrucción. Era el 19 de agosto de 1982. Las tres se ponen a llorar y a temblar de terror. La aparición dura ocho horas, en el curso de las que, entre muchas cosas horribles, ven «un río de sangre, personas que se matan, cabezas cortadas, cadáveres abandonados, llamas, un monstruo espantoso, un abismo abierto...». Una visión de infierno... En aquel mismo lugar, doce años después, fueron masacradas veinte mil personas que se habían refugiado dentro y alrededor de la capilla que había sido construida para recordar las apariciones. Masacre que se repitió al año siguiente, cuando los Tutsi dispararon durante días sobre los 250 mil Hutus que habían sido reunidos en un campo de refugiados en Kibeho, cortando la cabeza a todos aquellos que intentaban huir.

En Kibeho sucedió otro hecho extraordinario. Todas las videntes, a pesar de las muchas apariciones, nunca fueron capaces de describir el color de la piel de la Virgen. Ciertamente no era blanca ni tampoco negra. Era una mujer bellísima de piel suave no atribuible a ninguna raza o etnia. Ella misma, en una aparición revela a Marie Claire: «Yo no vengo sólo para Kibeho, ni para Ruanda, ni para el África, sino para todo el mundo. Este mundo está al borde de la catástrofe. Meditad los sufrimientos de Nuestro Señor Jesús y sobre el profundo dolor de su Madre. Rezad el Rosario, especialmente los misterios dolorosos, para recibir la gracia de arrepentirse». Enseguida le explica a Alfonsina: «He venido para preparar el camino a mi Hijo, para bien y vosotros no lo queréis entender. El tiempo que queda es poco y vosotros estáis distraídos. Distraídos por los bienes efímeros de este mundo. He visto a muchos de mis hijos perderse y he venido a mostrar el verdadero camino...».

Reina de la paz

Considero que Medjugorje es la más importante de todas las apariciones marianas. Es la que interpela a nuestro tiempo con una insistencia digna de mayor atención. La primera aparición es del 24 de junio de 1981. Los seis jóvenes videntes de entonces, hoy están casados y viven en varios lugares del mundo. *Fui inmediatamente a Medjugorje y allí los conocí a todos. Sigo teniendo contacto con algunos de ellos. Son personas normales, con los problemas que tiene todo el mundo. Es como si la Virgen hubiera querido llegar a la gente común, a las familias, a los trabajadores, a los jóvenes. Desde aquella primera vez se les aparece todos los días a las 18 horas, dondequiera que se encuentren. Cada mensaje es parte del gran designio pedagógico de María: hacer que cada ser humano vuelva a acercarse a su Hijo Jesús. Ha entregado diez secretos que serán divulgados por un sacerdote en cuanto Nuestra Señora dé su consentimiento, su visto bueno, a Mirjana, una de las videntes.*

Es interesante observar que Nuestra Señora en Rue Du Bac se define como «María concebida sin pecado»; en Lourdes afirma: «Yo soy la Inmaculada Concepción»; en Fátima: «Yo soy la Virgen del Rosario»; en Banneux: «Yo soy la Virgen de los pobres»; en Kibeho: «Yo soy la madre del Verbo»; en Medjugorje: «Yo soy la Reina de la paz». La paz de los corazones que viene solamente de la adhesión al Verbo, el Hijo de Dios. También el milagro de la Virgencita de Civitavecchia, a las puertas de Roma, en vísperas de este difícil momento para la Iglesia, entra en esta lógica. La estatuilla que ha llorado sangre fue adquirida en Medjugorje. *He conocido la familia donde la Virgen ha llorado y estoy convencido de la sinceridad de sus palabras, lo mismo que de las del obispo monseñor Grillo, un hombre piadoso y sincero.*

Como siempre en estos casos son las peregrinaciones, las conversiones, las confesiones las que confirman la veracidad y la divinidad del evento. *En Medjugorje cada cual recibe lo que realmente necesita. Nadie jamás ha regresado decepcionado, incluso los que vienen a mí para los exorcismos. Actualmente es el lugar del mundo donde se dan más conversiones y donde más confesiones hay.*

Uno sigue preguntándose cómo es posible que la gente siga sin creer aún frente a estas manifestaciones. *Porque el trabajo del diablo en este ambiente es muy intenso. En Medjugorje María misma ha afirmado que todas las veces en que se ha aparecido siempre ha sido con Jesús, y siempre se ha presentado el diablo. Y él corrompe, engaña. Por otro lado no hay duda alguna de que Medjugorje es una avanzada de la lucha contra el demonio. Una lucha cerrada, porque Satanás goza hoy de un poder que nunca antes había tenido: el de destruir el mundo gracias a los instrumentos descubiertos por el hombre. Él bien sabe que puede realizar este objetivo y trabaja de todas las formas para lograrlo. Pero también trabaja fuertemente para infiltrar el pecado en la Iglesia, con la intención de destruirla. En uno de los mensajes la Virgen ha contado que Dios concedió a Satanás tentar a la Iglesia por un período que se señala aproximadamente en cien años, con la seguridad de que también esta vez el diablo saldrá de allí derrotado. Ahora bien, como dicho período está a punto de terminar, Satanás anda suelto más que nunca.*

De ahí el esfuerzo, el dolor de la Virgen en su empeño constante por salvar a los hombres, al mundo. De ahí su continua propuesta de oración, ayuno, conversión. *A los que no creen les pueden parecer cosas inútiles, instrumentos incapaces de resolver aun el más pequeño problema de la humanidad. Pero el que cree bien sabe que estos medios tienen gran poder, sabe que la corona del Rosario es realmente más fuerte que cualquier mal, que cualquier arma destructora. Y todos nosotros tenemos en esto una gran culpa, la de dedicar muy poco tiempo a Dios, a pesar de que el tiempo que se nos ha dado es todo de Dios: un absoluto regalo.*

En los mensajes dados a los videntes de Medjugorje la Virgen ha hablado muy a menudo del diablo y de su obra, invitando repetidamente a los hombres a rechazarlo, a echarlo fuera, a no trabajar para él, porque «quiere quebrantar mis planes». San Pablo al respecto es firme en exhortar: «No os conforméis a la mentalidad del mundo». Que es un poco como decir: si quieres ser cristiano, no debes vivir haciendo de las modas tu estilo de vida.

El Evangelio es bien claro: el que crea será salvado, el que no crea se condenará. En las apariciones después de la resurrección afirma Jesús: «Predicad el Evangelio, expulsad a los demonios, sanad a los enfermos». Hay que preguntarse si esto se hace, si los cristianos efectivamente están empeñados en esta misión. La insistencia con que la Virgen se aparece en todos los continentes, nos da la idea no sólo del amor infinito de Dios por nosotros, sino también de la pésima situación religiosa en que se encuentra el mundo, de la crisis tremenda del clero, de cuánta necesidad tiene cada uno de nosotros de recibir ayuda. Deserciones que se dan en todas las clases sociales, en todos los ambientes de trabajo y de diversión con los medios masivos de comunicación, que son utilizados como instrumentos de corrupción. *En este punto estoy convencido de que frente a esta auténtica actividad de catequesis de la Virgen, a este constante intento suyo de convencer al género humano, o hay una respuesta, o viene el castigo. La Biblia está ahí para decirnos que Dios tiene paciencia, paciencia, paciencia... luego viene el castigo. Y nosotros sabemos bien que no es Dios quien castiga, son los hombres los que se castigan ellos mismos y se castigan mutuamente. No es Dios quien manda los castigos, son los hombres, inspirados por Satanás, los que provocan sus propios castigos.*

«Queridos hijos. Hoy como nunca antes os invito a la oración... Satanás es fuerte y desea destruir no sólo la vida humana, sino también la naturaleza y el planeta en que vivís vosotros», dice el mensaje de Medjugorje del 25 de enero de 1991. En agosto de 1985 en otro mensaje la Virgen invitaba «a emprender el combate contra Satanás mediante la oración». Un año después insistía: «Sólo con la oración venceréis vosotros el influjo de Satanás, dondequiera que estéis». «Orad sin cesar. Orad más. Así Satanás será alejado de aquí». Todavía más preciso es un mensaje de diciembre de 1988: «Si oráis vosotros, Satanás no puede molestaros en lo más mínimo, porque vosotros sois hijos de Dios y Él tiene su mirada puesta en vosotros. Orad, la corona del Rosario esté siempre en vuestras manos como signo para Satanás de que vosotros me pertenecéis».

A Juan XXIII le gustaba decir que su jornada no había terminado si antes no había rezado todos los quince misterios del Rosario. Pablo VI hablaba del Rosario como «Compendio de todo el Evangelio». León XIII escribió doce encíclicas sobre el Rosario. Juan Pablo II dedicó importantes escritos al Rosario, quiso ampliar este valor de «compendio» añadiendo con la carta apostólica *Rosarium Virginis Mariae*, los cinco misterios luminosos y afirmó que «nuestro corazón puede encerrar en las decenas del Rosario los hechos que componen la vida del individuo, de la familia, de la nación, de la Iglesia, de la humanidad entera. El Rosario marca el ritmo de la vida humana». Juan Pablo II, por otro lado, siempre fue explícito respecto a su particular devoción mariana. Después del atentado no sólo afirmó estar convencido de haber salvado su vida por intercesión de la Virgen de Fátima, sino que también hizo pedir inmediatamente a los frailes carmelitas de la iglesia de la Transpontina en Roma un escapulario nuevo, porque el suyo estaba manchado de sangre. También es muy conocida la imagen de la Virgen que sostuvo al Papa en el momento del disparo, que quedó impresa en la película fotográfica de un peregrino que en aquel momento se encontraba en la Plaza de San Pedro.

Al recitar el Rosario pedimos repetidamente a la Virgen que ruegue por nosotros «ahora y en la hora de nuestra muerte». Al hacer así, tenemos siempre abierta una ventana hacia la eternidad en las ocupaciones y en las preocupaciones de cada día. La característica principal de esta oración es de ser al mismo tiempo oración y meditación de los principales misterios cristianos. Por esto es por lo que en Fátima la Virgen propone el Rosario como antídoto contra el ateísmo: el hombre de hoy más que nunca necesita meditar y orar sobre las grandes verdades reveladas. Y no debemos tener nunca miedo de ser piadosos, repetitivos y rutinarios en la recitación de las decenas. Si nos viene la duda, basta pensar en la fortuna que tuvo santa Bernardita en las apariciones, pudiendo constatar que también la Virgen repasaba entre los dedos las cuentas del Rosario junto con ella. Igualmente en las apariciones de Banneux la Virgen acompañaba con el movimiento de los labios la recitación del Rosario por parte de la pequeña vidente.

De hecho, a través de la oración del Rosario nos involucramos en la batalla extraordinaria y generosa contra el mal emprendida por la Virgen, que aparece en todos los rincones del mundo invitando a no violar las leyes de Dios, a no ceder a la corrupción. Convencidos, como ella misma nos recuerda, de que el Señor nos ha creado libres y de que sólo la verdad que está en Él nos hace libres. Pero, y la duda viene naturalmente, a la luz de esta insistencia de la Virgen en pedir nuestras oraciones, secundada por millones de personas que cada día meditan el Rosario y cada año hacen peregrinaciones a los lugares de las apariciones y a los santuarios, uno se pregunta: ¿cómo es que en el mundo parece que todo sigue igual que antes?

Yo mismo pregunté a una de las videntes: ¿qué sentido tiene este empeño incesante si el mundo no se convierte y de todos modos llegará el momento en que se castigará a sí mismo? La respuesta fue elemental pero me dejó desarmado, porque también ella había hecho la misma pregunta a María: «El castigo es retardado por las oraciones, por la penitencia, por el ayuno y por las obras de caridad, y será más mitigado». Para mí fue la enésima confirmación de que la oración es el arma más poderosa en las manos del hombre.

Más fuerte que el mal

Fui a ver al padre Pío por primera vez en 1942 e ininterrumpidamente seguí yendo a visitarlo hasta 1968. Cuando rezaba el Rosario se quedaba contemplándolo. Lo llamaba su arma y a su director espiritual le escribió que recitaba por lo menos cinco Rosarios al día. Por la forma como lo recitaba, eran por lo menos cinco horas dedicadas al Rosario. Y mientras más avanzaba en edad, más necesidad sentía de dedicar tiempo a la oración. Así también el tiempo para las confesiones se reducía sensiblemente. Un cohermano suyo un día le hizo notar que sería bueno que confesara más tiempo ya que tantas personas que venían de todo el mundo para confesarse con él debían esperar muchos días. Él respondió:

—«¿Crees que la gente viene aquí por el padre Pío? La gente viene para escuchar una palabra del Señor. Y si yo no oro, ¿qué puedo darle a la gente?».

Oraba mucho pero también pedía oraciones por él. Se sentía indigno. Tenía terror al pecado y a perder la fe. Por esto era un mendicante de oraciones. Y yo, que fui a verle durante 26 años, me daba cuenta de que bastaba que le dijera: «Padre, oro por usted», para verlo iluminarse de alegría. Después agradecía con gran satisfacción, como si quisiera decir: «Por fin hay alguien que me comprende».

Recuerdo perfectamente cuánto tiempo esperé la primera vez sentado fuera de su celda. Cuando en la confesión le dije que era nuevo sacerdote, él me recomendó con energía:

—*«Acuérdate de que un sacerdote debe ser un propiciador, un intercesor. ¡Ay si es él quien necesita ser propiciado! ¡Recuérdalo bien!».*

Era un hombre excepcional. Sentía la necesidad de santificarse para santificar. Y también muy simpático. Si se tenía la fortuna de encontrarlo en un momento de tranquilidad, contaba los chistes de forma extraordinaria, como un verdadero artista. Pero sin nunca perder de vista su misión. Vivía para la conversión de los pecadores. Era uno de los pocos que se permitían no dar la absolución. Sucedía más o menos con una tercera parte de las confesiones. Pero desde el momento en que rehusaba absolverlas, puede decirse que seguía a esas personas con una oración incesante. Por la conversión de ellas sufría los padecimientos de Cristo. Decía que las almas se pagan y él las pagaba verdaderamente. Y aun más duramente sufrió en los tres años en que se le prohibió confesar. Todos los grandes confesores han sufrido mucho. La época del padre Pío estuvo marcada por otro gran confesor, el padre Leopoldo en Padua. A menudo el padre Pío mandaba gente a donde él. El padre Leopoldo los absolvía a todos, y luego él mismo hacía las penitencias por los pecadores.

Cuando el padre Pío decía la misa parecía que cada vez se renovara el rito cruento del sacrificio de Cristo. Daba la impresión de que se enjugara el sudor, en realidad se enjugaba las lágrimas que le brotaban por el dolor. Sufría ante la visión mística de los pecados de la humanidad. Sufría participando en la obra redentora del Salvador. De igual forma, los muchos milagros eucarísticos sucedidos en todo el mundo, lo mismo que las apariciones marianas, son otra extraordinaria demostración del amor de Cristo que busca acercarnos a Él.

A Jesús lo presiona nuestra fe. «El justo vivirá por fe», subraya Habacuc. Y san Pablo en la Carta a los gálatas afirma: «El justo vive en virtud de la fe». Entre los grandes santos y místicos no ha sido sólo Alejandrina María da Costa la única que ha logrado vivir físicamente y por largos períodos de la sola Eucaristía. Para el santo Cura de Ars se había vuelto natural ayunar y meditar durante horas ante el Santísimo. Annalena Tonelli, la mártir misionera laica asesinada en Somalia en

2003, única cristiana en una sociedad islámica fuertemente ideologizada, sacaba fuerza y recursos espirituales de la oración nocturna ante la Eucaristía. Una hostia consagrada que hacía que le dejara el sacerdote cada seis o siete meses en el hospital que ella dirigía en el interior de Somalia y que, con el permiso del obispo local, guardaba celosamente, envuelta y escondida entre los humildes vestidos de su armario, a fin de que nadie pudiera descubrirla y profanarla.

Por una parte la opción por el mal y, por otra, en abierta contraposición, la opción por el bien, con la convicción confirmada por la revelación, por la insistencia de las apariciones marianas y por la difusión de los milagros eucarísticos de que al Señor lo apremia nuestra fe. Desea que el hombre mire hacia Él con confianza porque este es el único modo que tiene para salvar su propia alma. Y el Señor sabe esperar... Por otro lado, considerando la manera como van las cosas de la vida, las propuestas que llegan insistentes de ciertos ambientes, hay aparentemente más interés en estar con el diablo que con Jesús. Estamos desorientados y no sabemos cuál es nuestro verdadero bien. *De allí emerge la necesidad de pedir. Precisamente por esto Jesús nos enseña el Padrenuestro: para confiar en Él y para pedir. El Padrenuestro es un modo para tener siempre presente cuál es nuestra estrella. El Padrenuestro es el Evangelio completo. Y cuando Jesús nos dice que pidamos al Padre que nos libre del maligno es porque sólo recibiendo ayuda de Dios nosotros tendremos la fuerza para imponernos en esta batalla.*

Desde este punto de vista es interesante considerar la oración de Jesús en el Huerto de los Olivos. *Es el momento en que Jesús es más hombre. Se confía al Padre. Pide que si es posible se le evite tanto sufrimiento. Ve y padece en un solo instante el dolor del infierno padecido por millones de hombres. Sufre todavía más al pensar en cómo hemos desperdiciado la oportunidad proporcionada por su sangre, la que está derramando, llorando y la que derramará sobre la cruz por la salvación de los hombres. Muchos santos en sus visiones místicas han podido observar a Cristo que llora pensando en su sangre desperdiciada. En Getsemaní, Jesús busca el consuelo de sus amigos. Pide su oración, su ayuda. «Mi alma está triste hasta la muerte. Permaneced aquí y velad»* (Mc 14,34). *«Velad y orad para no caer en tentación. El espíritu está pronto pero la carne es débil»* (Mc 14,38). *Siente toda la debilidad de su humanidad. Vuelve y los encuentra durmiendo. Y son sus verdaderos amigos: los mismos Pedro, Santiago y Juan, con los que quiso compartir el esplendor de la transfiguración. Sabe que en aquel momento sólo Judas está en vela y su actuación no es a favor suyo sino del diablo. Experimenta la soledad al afrontar la muerte y el sufrimiento, como todos nosotros. Comprende que debe aceptar el designio del Padre si quiere llevar a término su misión.*

En aquel momento se decreta la derrota de Satanás. El bien ha triunfado una vez por todas sobre el mal. Ahora es el hombre en su total e indeleble libertad el que puede escoger. Jesús está allí, siempre pronto para acogerlo. Su misericordia es infinita, no hay comparación humana posible. «Y entonces, ¿quién se salvará?», preguntan los apóstoles aterrados por las afirmaciones de Jesús sobre el pecado y sobre la inevitable condenación. Su respuesta es nuestra esperanza: «Para Dios nada hay imposible».

Esta esperanza cada día se alimenta al constatar que en esta sociedad enferma hay una gran y difusa nostalgia de bien. Nos damos cuenta de esto incluso cuando suceden hechos graves y se pone en movimiento la solidaridad de los amigos y vecinos. A veces del mundo entero. Son momentos que quisiéramos que se perpetuaran en las situaciones normales. Necesitamos un mundo limpio, de relaciones humanas limpias, de buenas compañías, como se decía antes. Por esto en muchos se abre camino un verdadero y propio deseo de huida. Se piensa en irse a vivir lejos de todo y de todos. *Pero, ¡cuidado!, que no se trate de la fuga del necesario compromiso de reafirmar el bien. El hombre fue creado como un ser social precisamente para que pueda hacer el bien.*

También hay quienes quieren retirarse en oración, alejándose de las distracciones y de la multitud para dedicarse al encuentro con Dios. El objetivo de estas personas es orar para santificar el mundo. Orar para tener alejada la acción del mal. No es casual que desde los primeros tiempos del cristianismo los monjes ermitaños se retiraran a lugares solitarios, pero no distantes de las ciudades, con la idea precisa de orar por la salvación de sus habitantes. Una especie de compromiso humanitario espiritual, que prosiguió con la institución de las órdenes monásticas. También como se ve por la historia, sale a la luz un trabajo enorme a favor y para el futuro de la civilización, desde el punto de vista cultural, económico y social.

Desde siempre los conventos y los monasterios se sitúan en la inmediata periferia de los centros habitados o en los puntos que los dominan desde lo alto, con el convencimiento de que se debe llevar a cabo un trabajo de conversión, de santificación. El mismo razonamiento vale para los santuarios. Baste pensar en los que han surgido donde se han verificado milagros eucarísticos. Bolsena se encontraba en la Vía Francígena, punto fundamental de la peregrinación hacia Roma, la ciudad de los apóstoles. El milagro eucarístico del Cebrero tiene lugar en un pueblecito perdido de las montañas españolas, que tiene la característica de encontrarse en las puertas de Galicia, en el llamado «camino francés» que lleva a la ciudad de Santiago de Compostela, punto de referencia de las grandes peregrinaciones en la Europa del renacimiento medieval.

Y, sin embargo, el mal con todas sus crueldades y sus incomprensibles maldades está siempre allí interrogándonos, insinuando dudas sobre la firmeza de las razones de nuestra fe. ¡Cuántas veces el irracional misterio del mal pone a los hombres entre la espada y la pared! En aquel momento no se puede hacer otra cosa sino creer, acogerse al amor de Cristo, recordar que estamos en la escuela de la Cruz, dejarnos envolver por el manto de María. «Si logro siquiera tocar su manto, quedaré sana» (Mc 5,28), piensa la mujer enferma desde hace doce años, que gracias a aquel humilde gesto es sanada por Jesús en el cuerpo y en el espíritu. Sólo gracias a la fe podemos de nuevo volver a combatir.

Y nunca debemos admirarnos de las manifestaciones del maligno. Aparentemente se presenta cada vez distinto, pero en los hechos siempre es igual a sí mismo. Si es vedad que no existen dos casos iguales, también lo es que la sociedad cambia pero los motivos por los cuales las personas hacen el mal o lo sufren son siempre los mismos. Se me han presentado personas a las que ni siquiera se les lograba hacer salir del automóvil. Las llevaban ante la iglesia donde yo hacía los exorcismos pero no se podía siquiera hacerlas bajar, tal era la rabia que se encontraban como encadenadas. Entonces era yo quien debía subirme al automóvil y allí hacía el exorcismo. Cuando en la mayor parte de los casos llegas a descubrir o bien al que hizo el maleficio o los motivos por los cuales fue hecho, comprendes que todo se puede deducir a las mismas lógicas. Y las raras veces que encontré al autor, casi siempre te encuentras frente a un pozo de maldad. Pero también he tenido la experiencia de grandes arrepentimientos. Recuerdo a una señora que en el lecho de muerte me confesó haber hecho el maleficio. Nosotros ya lo sabíamos, pero ella lo ha confesado minutos antes de morir. Puedo decir que se arrepintió verdaderamente. También hay muchos que tienen maleficios pero no quieren en modo alguno hacerse exorcizar. Así como hay muchas personas que saben hacer el mal y no quieren en absoluto redimirse. Hasta el final rechazan la misericordia que Dios les ofrece.

Y resulta normal para nosotros preguntarnos, ¿cómo es posible que un ser humano prefiera el infierno al paraíso? Que a punto de morir renuncie a todo lo que ha conseguido en la tierra gracias a acciones malvadas, ¿cómo es posible rechazar la mano tendida que Dios le ofrece para salvarlo del destino de condenación eterna que le espera? Una opción que no se comprende si no se considera la acción devastadora del demonio. Pero siempre y de todos modos es una opción libre. Por más que esté vejado, poseído, extraviado, tentado, el hombre sigue siendo infinita e insuperablemente libre frente a su opción.

Si se elige al diablo uno se vuelve capaz de cualquier cosa. En Kibeho, antes de las grandes masacres de los años 90, la Virgen advierte contra «un mundo sin Dios, que no encuentra la paz porque ignora los valores del espíritu». Pero el bien es más fuerte que el mal. El recorrido de este libro nos lo ha hecho comprender. Frente al demonio y a sus obras, por más inquietantes que puedan ser, el cristiano tiene la certeza de tener en sí mismo la fuerza, para decirlo con san Pablo, de su elección como hijo de Dios por medio de Jesucristo. *La sola presencia del cristiano en el mundo, acompañada por un mínimo de testimonio, es un signo. Llevando el bien las almas pueden ser sanadas. Así todo hombre es puesto inevitablemente frente a la responsabilidad de decirse a sí mismo de qué parte quiere estar.*

La sierva de Dios Gina Tincani, a la manera de santa Catalina de Siena, recordaba a sus misioneras de la escuela: «Debemos tomar una posición clara y decidida contra el error de las falsas doctrinas. La valerosa afirmación de nuestra personalidad cristiana es un deber para nosotros. Y tenemos el derecho y el deber de dar de ella un ejemplo que arrastre». «Por amor de Sión no callaré –afirma el profeta–, por amor de Jerusalén no he de callar, hasta que salga como resplandor su justicia y su salvación brille como antorcha. Verán las naciones tu justicia, todos los reyes tu gloria...» (Is 62,1-2).

La verdad no deja escapatoria. Frente a tanto odio basta responder llevando la paz en el corazón. Aunque sea sólo a quien está más cerca de nosotros. «No nos cansemos nunca de invocar la ayuda de Nuestro Señor, de pedir la intercesión de María». Ella misma vino para confirmar que está a nuestra disposición: «Yo soy la Reina de la paz». La paz del corazón de quien sólo hace el gesto de querer acogerse a ella. La lucha es cerrada, pero estar envueltos en el manto de la Virgen nos hace sentirnos tranquilos como Jesús en la barca durante la tempestad. «En ti, Señor, me he refugiado, jamás seré confundido» (Sal 70,1). Aquel amigo de quien hablaba al principio, que fue ayudado por el padre Cándido y por el padre Amorth a liberarse de los influjos demoníacos de una secta esotérica, recuerda de vez en cuando, con expresión sólo aparentemente ingenua, su sencillo gesto cada noche: «Digo las oraciones y quedo en brazos del Niño Jesús».

«Hermanos, estad siempre alegres, orad constantemente. En todo dad gracias, pues esto es lo que Dios, en Cristo Jesús, quiere de vosotros. No extingáis el Espíritu, no despreciéis las profecías; examinadlo todo y quedaos con lo bueno. Evitad toda clase de mal. Que Él, el Dios de la paz, os santifique plenamente, y que todo vuestro ser, espíritu, alma y cuerpo, se conserve sin mancha hasta la venida de nuestro Señor Jesucristo. El que os ha llamado es leal y cumplirá su palabra» (1Tes 5,16-24).

La paz está en quien se confía totalmente. No es una conquista fácil, pero es algo que no engaña y que nadie jamás podrá quitarte. Se puede alcanzar día tras día. Mientras mayor es la parte de tu corazón que se desprende de las aprensiones terrenas para dirigirse a Dios, mayor es la paz que te invade el alma. Un pequeño recorrido diario de santidad, pero que debe quererse fuertemente para contraponerse al doble engaño del demonio. Porque también el pecado puede entrar en el corazón poco a poco. Incluso es posible que uno no se dé cuenta porque trabaja pacientemente sobre los puntos débiles. También puede tomarse a juego, hacer como si no pasara nada, convencerse de que en el fondo no es un pecado tan grande. Si no lo rechazas con firmeza, él, sistemáticamente, conquista la victoria. ¿Y entonces?

Entonces se comienza desde el principio, con valor, con confianza. Nunca hay que dejarse llevar del miedo. Frente al pecado, a la tentación, a la perversidad del mal, el cristiano nunca debe tener miedo. Tiene los instrumentos, tiene los sacramentos para combatir... Eso sí, debe orar. Todos necesitamos amor. Cuando amamos tenemos necesidad de ser acogidos, que se crea en nuestro amor. Yo sé que Dios me ama, me acoge, me cree. No debo hacer sino acogerlo, creer en Él. Y luego... Pienso siempre en Jesús y en la Virgen que me sonríen. Tienes un sufrimiento, sientes un malestar profundo, ¿y quieres una prueba? Ponte delante de Jesús Eucaristía y, sencillamente, quédate mirándolo... Te sonreirá.

Entonces resulta más fácil, eficaz y decisivo, también en las adversidades, responder a la maldad y a la maldición con una bendición. Incluso con las mismas palabras enseñadas por Dios a Moisés (Núm 6,24-25): «El Señor te bendiga y te guarde. El Señor haga brillar su rostro sobre ti y te mire con misericordia. El Señor vuelva su rostro hacia ti y te conceda la paz».

Apéndice

Audiencia general de Pablo VI.

Miércoles 15 de noviembre de 1972.

«Líbranos del mal»

¿Cuáles son hoy las mayores necesidades de la Iglesia?

Que nuestra respuesta no os cause estupor como simplista, o incluso supersticiosa e irreal: una de las más grandes necesidades es la defensa contra aquel mal que llamamos demonio.

Antes de aclarar nuestro pensamiento invitamos al vuestro a abrirse a la luz de la fe sobre la visión de la vida humana, visión que desde este observatorio se amplía inmensamente y penetra en singulares profundidades. Y en verdad el cuadro que estamos invitados a contemplar con total realismo es muy bello. Es el cuadro de la creación, la obra de Dios, que Dios mismo admiró en su esencial belleza como reflejo exterior de su sabiduría y de su poder (cf Gén 1,10; etc.).

Luego, es muy interesante el cuadro de la historia dramática de la humanidad, historia de la cual emerge la de la redención, la de Cristo, de nuestra salvación, con sus estupendos tesoros de revelación, de profecía, de santidad, de vida elevada al nivel sobrenatural, de promesas eternas (cf Ef 1,10). Sabiendo mirar este cuadro, es imposible no quedar encantados (cf San Agustín, *Soliloquios*): Todo tiene un sentido, todo tiene un fin, todo tiene un orden, y todo deja vislumbrar una Presencia-Trascendencia, una Vida, y finalmente un Amor, de modo que el universo por lo que es y por lo que no es, se presenta a nosotros como una preparación que entusiasma y embriaga para algo todavía más bello y más perfecto (cf 1Cor 2,9; 13,12; Rom 8,19-23). La visión cristiana del cosmos y de la vida es por tanto triunfalmente optimista; y esta visión justifica nuestra alegría y nuestro reconocimiento de vivir, por lo cual celebrando la gloria de Dios cantamos nuestra felicidad (cf *el Gloria* de la misa).

La enseñanza bíblica

Pero, ¿es completa esta visión? ¿Es exacta? ¿No nos importan las deficiencias que hay en el mundo? ¿Las alteraciones de las cosas respecto a nuestra existencia? ¿El dolor, la muerte? ¿La maldad, la crueldad, el pecado, en una palabra, el mal? ¿Y no vemos cuánto mal hay en el mundo? ¿Especialmente tanto mal moral, es decir, simultáneamente aunque de modo diverso, contra el hombre y contra Dios? ¿No es este un triste espectáculo, un inexplicable misterio? ¿Y no somos nosotros, precisamente nosotros los adoradores del Verbo, los cantores del Bien, nosotros los creyentes, los más sensibles, los más perturbados por la vista y la experiencia del mal? Lo encontramos en el reino de la naturaleza, donde muchas de sus manifestaciones nos parecen denunciar el desorden. También lo evidenciamos en el ámbito humano, donde encontramos la debilidad, la fragilidad, el dolor, la muerte y algo peor; una doble ley en contraste, una que quisiera el bien, la otra en cambio, orientada al mal, tormento que san Pablo pone en humillante evidencia para demostrar la necesidad y la fortuna de una gracia salvadora, es decir, de la salvación traída por Cristo (cf Rom 7); ya el poeta pagano había denunciado este conflicto interior en el corazón mismo del hombre: *video meliora proboque, deteriora sequor* –veo lo mejor y lo apruebo, pero hago lo peor– (Ovidio, *Metamorfosis* 7, 19). Encontramos el pecado, perversión de la libertad humana, y causa profunda de la muerte, porque es alejamiento de Dios, fuente de la vida (Rom 5,12), y a su vez, ocasión y efecto de una intervención en nosotros y en nuestro mundo de un agente oscuro y enemigo, el demonio. El mal ya no es solamente una deficiencia, sino una eficiencia, un ser vivo, espiritual pervertido y pervertidor. Terrible realidad. Misteriosa y pavorosa.

Se sale del marco de la enseñanza bíblica y eclesiástica quien rehúsa reconocer su existencia; o quien afirma que es un principio en sí mismo, que no tiene como todas las criaturas origen en Dios; o el que la explica como una pseudorealidad, una personificación conceptual y fantástica de las causas desconocidas de nuestros males. El problema del mal, visto en su complejidad, y en su falta de lógica con respecto a nuestra racionalidad unilateral, se hace obsesionante. Este constituye la más fuerte dificultad para nuestra inteligencia religiosa del cosmos. No sin razón san Agustín sufrió esto durante años: *Quaerebam unde malum, et non erat exitus*, yo buscaba de dónde venía el mal, y no encontraba explicación (san Agustín, *Confesiones*, VII, 5, 7, 11, etc; *PL* 32, 736, 739).

He ahí pues la importancia que asume el caer en la cuenta del mal para nuestra correcta concepción cristiana del mundo, de la vida, de la salvación. Primero en el desarrollo de la historia evangélica al principio de su vida pública: ¿quién no recuerda la página tan densa de significados de la triple tentación de Cristo? ¿Y los muchos episodios evangélicos en los que el demonio se cruza en los pasos del Señor y figura en sus enseñanzas? (cf Mt 12,43). ¿Y cómo al recordar que Cristo, tres veces refiriéndose al demonio como su adversario, lo califica como «príncipe de este mundo»? (Jn 12,31; 14,30; 16,11). La incumbencia de esta nefasta presencia es señalada en muchísimos pasajes del Nuevo Testamento. San Pablo lo llama el «dios de este mundo» (2Cor 4,4), y nos pone sobre aviso respecto a la lucha en la oscuridad, que nosotros los cristianos debemos sostener no con un solo demonio, sino con una espantosa diversidad de estos: «Revestíos, dice el apóstol, de la armadura de Dios para poder hacer frente a las insidias del diablo, porque nuestra lucha no es (solamente) con la sangre y la carne, sino contra los principados y las potestades, contra los dominadores de las tinieblas, contra los espíritus malignos del aire» (Ef 6,11-12).

Y que se trata no de un solo demonio sino de muchos, lo muestran distintos pasajes evangélicos (Lc 11,21; Mc 5,9); pero uno es el principal: Satanás, que quiere decir el adversario, el enemigo; y con él muchos, todos criaturas de Dios, pero caídas, porque son rebeldes y condenadas (cf Denzinger 800, 428); todas un mundo misterioso, conmovido por un drama muy infeliz, del cual conocemos bien poco.

El enemigo oculto que siembra errores

Sin embargo, conocemos muchas cosas de este mundo diabólico, que tienen que ver con nuestra vida y con toda la historia humana. El demonio está en el origen de la primera desgracia de la humanidad; él fue el tentador engañoso y fatal del primer pecado, el pecado original (Gén 3; Sab 1,24). Desde aquella caída de Adán, el demonio obtuvo cierto dominio sobre el hombre, del que sólo la redención de Cristo puede liberarnos. Es una historia que dura hasta ahora: recordamos los exorcismos del bautismo y las frecuentes referencias de la Sagrada Escritura y de la liturgia a la agresiva y opresora «potestad de las tinieblas» (cf Lc 22,53; Col 1,13). Es el enemigo número uno, es el tentador por excelencia. Sabemos así que este ser oscuro y turbador existe realmente, y que con astucia traicionera sigue actuando aún; es el enemigo oculto que siembra errores y desventuras en la historia humana. Hay que recordar la reveladora parábola evangélica de la buena semilla y la cizaña, síntesis y explicación de la falta de lógica que parece dominar nuestras contrastantes vivencias: *inimicus homo hoc fecit* (Mt 13,28). Es «el homicida desde el principio... y padre de la mentira», como lo define Cristo (cf Jn 8,44-45); es el tramposo sofista del equilibrio moral del hombre. Es él, el pérfido y astuto encantador, que sabe insinuarse en nosotros por medio de los sentidos, de la fantasía, de la concupiscencia, de la lógica utopista, o de desordenados contactos sociales en el juego de nuestro actuar, para introducir en él desviaciones, tan nocivas porque parecen compatibles con nuestras estructuras físicas o psíquicas, o con nuestras aspiraciones instintivas profundas.

Este capítulo sobre el demonio y el influjo que puede ejercer sobre las personas, sobre comunidades, sobre sociedades enteras, o sobre acontecimientos, sería un capítulo muy importante de la doctrina católica que habría que estudiar, dado que hoy realmente se lo estudia poco. Piensan algunos que pueden encontrar una compensación suficiente en los estudios psicoanalíticos y psiquiátricos o en experiencias espiritistas, hoy lamentablemente tan difundidas en algunos países. Se teme recaer en viejas teorías maniqueas, o en temibles divagaciones fantásticas y supersticiosas. Hoy se prefiere mostrarse fuertes y sin prejuicios, creerse racionalistas, salvo cuando se trata de creer en tantos espantos mágicos o populares, o peor, abrir la propia alma –la propia alma bautizada–, ¡visitada muchas veces por la presencia eucarística y habitada por el Espíritu Santo!, a las experiencias licenciosas de los sentidos, a los venenos de los estupefacientes, como también a las seducciones ideológicas de los errores de moda, rendijas estas a través de las que el Maligno puede fácilmente penetrar y alterar la mentalidad humana. No se ha dicho que todo pecado se debe directamente a la acción diabólica (cf *Summa Theologiae,* 1, 104, 3); pero sí es cierto que quien no vigila con cierto rigor moral sobre sí mismo (cf Mt 12,45; Ef 6,11) se expone al influjo del *mysterium iniquitatis,* al que se refiere san Pablo (2Tes 2,3.12) y que hace problemática la alternativa de nuestra salvación.

Nuestra doctrina se vuelve incierta, oscurecida como se encuentra por las tinieblas mismas que rodean al demonio. Pero nuestra curiosidad, excitada por la certeza de su existencia múltiple, se legitima con dos preguntas: ¿Qué señales existen de la presencia de la acción diabólica? ¿Cuáles son los medios de defensa contra tan insidioso peligro?

Presencia de la acción del Maligno

La respuesta a la primera pregunta exige mucha cautela, aunque los signos del Maligno quizá parecen evidentes (cf Tertuliano, *Apologeticum* 23). Podremos suponer su siniestra acción allí donde la negación de Dios se vuelve radical, sutil y absurda, donde la mentira se afirma hipócrita y poderosa contra la verdad evidente, donde el amor es ahogado por el egoísmo frío y cruel, donde el nombre de Cristo es impugnado con odio consciente y rebelde (cf 1Cor 16,22; 12,3), donde el espíritu del evangelio es mitificado y desmentido, donde la desesperación se afirma como la última palabra, etc. Pero es un diagnóstico demasiado amplio y difícil, que no nos atrevemos a profundizar y autentificar ahora, pero que no carece de un dramático interés para todos, al que incluso la literatura moderna ha dedicado páginas famosas (cf por ejemplo las obras de Bernanos, estudiadas por Ch. Moeller, *Littér. Du XXe siècle*, I, p. 397ss.; P. Macchi, *Il volto del male in Bernanos;* cf *Satan. Études Carmélitaines*, Desclée de Brouwer, 1948). El problema del mal sigue siendo uno de los más grandes y permanentes problemas para el espíritu humano, aun después de la victoriosa respuesta que nos da Jesucristo. «Nosotros sabemos –escribe el evangelista san Juan– que somos nacidos de Dios, y que todo el mundo está puesto bajo el maligno» (1Jn 5,19).

La defensa del cristiano

La otra pregunta: ¿qué defensa, qué remedio oponer a la acción del demonio? La respuesta es más fácil de dar, aunque sigue siendo difícil de poner en práctica. Podremos decir: todo lo que nos defiende del pecado nos previene, por lo mismo, del invisible enemigo. La gracia es la defensa decisiva. La inocencia asume un aspecto de fortaleza. Y cada uno recuerda todo lo que la enseñanza apostólica ha simbolizado en la armadura de un soldado, las virtudes que pueden hacer invulnerable al cristiano (cf Rom 13,12; Ef 6,11.14.17; 1Tes 5,8). El cristiano debe ser militante; debe ser vigilante y fuerte (1Pe 5,8); y debe de vez en cuando recurrir a algún ejercicio ascético especial para alejar ciertas incursiones diabólicas; Jesús lo enseña indicando el remedio «en la oración y el ayuno» (Mc 9,29). Y el apóstol sugiere la línea maestra que se ha de tener: «No te dejes vencer por el mal, sino vence con el bien el mal» (Rom 12,21; Mt 13,29).

Así pues, conscientes de las presentes adversidades en que hoy se encuentran las almas, la Iglesia, el mundo, trataremos de dar sentido y eficacia a la acostumbrada invocación de nuestra principal oración: «¡Padre nuestro... líbranos del mal!».

Que para esto os auxilie nuestra Bendición Apostólica.

Índice

Págs.